DER NEUFELD-ANSATZ FÜR UNSERE KINDER

Eine Einführung
von Dagmar Neubronner
mit einem Vorwort von Dr. Gordon Neufeld

Impressum:
Der Neufeld-Ansatz für unsere Kinder
Eine Einführung
von Dagmar Neubronner

Lektorat: Luise Fuchs
Umschlaggestaltung: Norman Gronostay

Druck:
Finidr s.r.o.
Tschechische Republik
1. Auflage Februar 2015
© 2015 by
Genius Verlag
PF 750762
D-28727 Bremen
info@genius-verlag.de
www.genius-verlag.de
Alle Rechte vorbehalten
ISBN: 978-3-934719-56-9

Inhaltsverzeichnis

Vorwort von Gordon Neufeld

Als ich Dagmar Neubronner 2006 in Hamburg zum ersten Mal begegnete, ahnte ich nicht, dass sich eine enge Freundschaft zwischen uns entwickeln würde. Dagmar beeindruckte mich mit ihrem scharfen Verstand, ihrem unabhängigem Bewusstsein und ihrer zuversichtlichen Einstellung. Als ich sie besser kennenlernte, entdeckte ich zudem eine Frau mit Mut, Standfestigkeit und Mitgefühl.

Ich freute mich sehr, als sie beschloss, mein Buch *Unsere Kinder brauchen uns!* in der deutschsprachigen Version zu veröffentlichen, und noch mehr, als sie meine Einladung annahm, sich von mir ausbilden zu lassen. Auf diesem Wege wurde sie ein Fakultätsmitglied des Neufeld-Institutes und die Leiterin für die deutschsprachige Neufeld-Ausbildung.

Vor einiger Zeit stellte Dagmar mir ihr Projekt vor, ein einführendes deutsches Buch für den Neufeld-Ansatz zu schreiben, und sie ist für mich die denkbar geeignetste Person dafür. Ihre meisterhafte Durchdringung der Inhalte und Strukturen wird durch ihre natürliche Intuition und ihre naturwissenschaftliche Ausbildung sehr bereichert. Der Leser ist bei ihr in guten Händen.

In der Botschaft dieses Buches liegt eine gewisse Dringlichkeit. Es besteht zwar kein Zweifel daran, dass wir Gemeinschaftswesen sind, trotzdem gehen uns offenbar die kulturellen Traditionen und Rituale, die uns verbinden, zunehmend verloren. Unsere Kinder verlieren den Schoß der Bindung, in dem sie idealerweise groß werden sollten. Wir als Eltern und Lehrer verlieren die natürliche Kraft der Bindung unserer Kinder an uns, die wir brauchen, um unserer Verantwortung gerecht werden zu können.

Wir können nicht zu gestrigen Traditionen und Ritualen zurückkehren. Unser Materialismus hat die Wiederherstellung dieser Kultur ohnehin nahezu unmöglich gemacht. Wir können nur hoffen, voranzuschreiten und unser Bewusstsein zu schärfen: Was brauchen unsere Kinder, um ihr volles Potenzial als Menschen verwirklichen zu können? Die im Folgenden dargelegten Erkenntnisse liefern hierzu Antworten, die uns unsere Kultur nicht länger bereitstellt.

Worte, die im Einklang mit unserer natürlichen Intuition stehen, sind die Tür zum Bewusstsein. Dieses Buch möchte die Worte finden, die der Intuition des Lesers entsprechen. Das daraus erwachsende Bewusstsein verleiht uns die Zuversicht und den Mut, zu solchen Eltern und Lehrern zu werden, wie unsere Kinder sie wirklich brauchen. Der „Tanz" zwischen Eltern und Kind ist einer der ältesten Tänze im Universum, und er ist wirklich erfüllend für alle Beteiligten – sofern wir eben nicht übereinander stolpern.

Beim Neufeld-Ansatz geht es darum, Menschen wirkliche Menschlichkeit zu ermöglichen. Die hier vorgestellte Theorie ist im Laufe mehrerer Jahrzehnte auf der Grundlage aller über die Entfaltung des Menschen bekannten Fakten entstanden. Diese Fakten wurden zusammengefügt, auf ihre Essenz destilliert und aufbereitet für die Herausforderung, die nachfolgende Generation erziehen und bilden zu wollen.

Ich wünsche Ihnen viel Freude mit dieser Einführung in den Neufeld-Ansatz.

Prof. Dr. Gordon Neufeld, Vancouver
Gründer und Leiter des Neufeld-Institutes

Vorbemerkung: Worum es beim Neufeld-Ansatz geht – und worum nicht

Der sogenannte »Neufeld-Ansatz« will wie eine Landkarte verstanden werden. Auf dieser Landkarte sind die Gefühle, Entwicklungsprozesse, emotionalen Dynamiken, Bedürfnisse, Potenziale, möglichen Fehlentwicklungen, Blockaden und ihre Auflösung, sowie auch Reaktionen und Teufelskreise im Verhalten unserer Kinder eingezeichnet. Hierdurch unterscheidet sich der Neufeld-Ansatz deutlich von vielen ausschließlich am Verhalten orientierten Erziehungs- und Beziehungsmodellen.

Gordon Neufeld geht davon aus, dass dem Verhalten unserer Kinder sinnvolle und verstehbare Abläufe und Dynamiken zugrunde liegen, die aus der Evolution und den während der Evolution entwickelten Strukturen im Gehirn, in Drüsen und Instinkten verankert sind. Das bedeutet natürlich nicht, dass der Neufeld-Ansatz unsere Kinder und damit den Menschen an sich auf diese Funktionen reduzieren will.

Doch diese in Jahrhunderttausenden der menschlichen Evolution entstandenen Funktionen bilden nach wie vor die entscheidende Grundlage für eine gesunde Entwicklung unserer Kinder. Von daher ist es gut, wenn wir diese Grundlagen kennen. Aus ihnen lassen sich praktisch alle Verhaltensweisen und auch somit auch alle Verhaltensprobleme und Entwicklungsblockaden nachvollziehbar und plausibel erklären.

Die Kenntnis dieser Spielregeln bietet einen unschätzbaren Vorteil gegenüber allen Erziehungsmethoden, die nach dem Motto: »Was tue ich, wenn mein Kind ...« Techniken zur Verfügung stellen. Solche Rezepte helfen uns nämlich nicht, zu erkennen, was im Inneren des Kindes vor sich geht.

Der Neufeld-Ansatz betrachtet Kinder nicht als Automaten, bei denen man nur die richtigen Tasten drücken muss, damit das erwünschte Verhalten herauskommt. Gordon Neufeld sieht

Kinder vorrangig als Bindungsgeschöpfe und als komplexe Wesen in ständiger Entwicklung, deren Verhaltensweisen – so unangemessen sie uns auch manchmal erscheinen mögen – nachvollziehbaren, im Prinzip einfachen Gesetzmäßigkeiten folgen.

Das hat einen großen Vorteil: Indem wir lernen, die Beweggründe des Kindes von innen heraus zu verstehen, erfahren wir gleichzeitig auch sehr viel über uns selbst. Denn unsere Aktionen und Reaktionen folgen ja denselben alten Mustern, nur dass wir uns auf einer anderen Entwicklungsstufe befinden als unsere Kinder – jedenfalls sollte es so sein.

Eine Landkarte ist etwas grundlegend anderes als ein Routenplan, wie wir ihn aus dem Internet herunterladen können. Neulich war ich nach einem Vortrag in Schleswig-Holstein in Richtung Bremen unterwegs und wollte auf dem Weg eine Freundin besuchen, die in der Nähe von Hamburg wohnt. Ich hatte keine Landkarte dabei, sondern mir einen Routenplan, also eine Fahranweisung, ausgedruckt. Diese führte mich geradewegs zu einem unvorhergesehenen Hindernis, nämlich einer vollständig gesperrten Brücke, über die kein Hinüberkommen war. Mit einer Landkarte oder einem guten Navigationssystem wäre es mir möglich gewesen, das Hindernis zu umfahren. Da ich jedoch nur die strikten Anweisungen hatte, ohne das Gesamtbild vor Augen zu haben, nützte mir mein schöner Routenplan überhaupt nichts mehr. Und genau diese Überblick schenkende Landkarte ist es, die uns bei der Erziehung unserer Kinder oft schmerzlich fehlt.

Bei näherer Betrachtung müssten wir trotzdem nicht orientierungslos sein. Denn da wir ja die gleiche Evolution durchlaufen haben wie unsere Kinder, verfügen wir über einen intuitiven inneren »Kompass«. Er liefert uns ein Gefühl dafür, was unsere Kinder brauchen und welcher Weg uns zum Ziel führen könnte, wenn wir mal auf ein Hindernis stoßen.

Das Problem ist nur, dass wir diesem Kompass nicht mehr trauen oder ihn vielfach sogar ausgeschaltet haben. Ich habe die Gesetzmäßigkeiten erwähnt, nach denen unsere Kinder »funktionieren«. Diese Abläufe haben sich unter Lebensbedingungen entwickelt, die sich von unserem heutigen Leben mit unseren Kindern sehr stark unterscheiden. Wir leben heute völlig anders als in der Steinzeit, und die Bedürfnisse unserer Kinder und viele, eigentlich natürliche Verhaltensweisen erscheinen unter den geänderten Lebensbedingungen als störend, unnormal oder werden gar als krankhaft angesehen. Und das hat dazu geführt, dass wir unserem Kompass, unseren eigenen Instinkten und Intuitionen, vielfach nicht mehr trauen.

Das große Verdienst des von Gordon Neufeld entwickelten Ansatzes liegt in meinen Augen darin, dass er uns hilft, unserem inneren Kompass wieder zu vertrauen. Denn plötzlich verstehen wir, warum unser Kind sich in einer bestimmten Weise verhält – eben weil wir die Landkarte sehen, die der Neufeld-Ansatz uns erstmals bewusst zugänglich macht! Dieses Verständnis macht alles viel einfacher; wir sind nicht mehr auf Routenpläne angewiesen, sondern können unser Ziel auf viele verschiedene Weisen ansteuern.

Was ist denn unser Ziel? Vielleicht denken Sie bei dieser Frage nur mit einem inneren Stoßseufzer: »Ich habe eigentlich kein anderes Ziel, als den Alltag mit meinem Kind/meinen Kindern irgendwie angenehmer, friedlicher, weniger chaotisch und weniger zermürbend zu gestalten. Das würde mir völlig reichen.«
Daran ist etwas Wahres, und doch stimmt es nicht ganz. Ich bin sicher, Sie haben ein viel größeres Ziel. Ich bin überzeugt, eigentlich möchten Sie, dass Ihr Kind oder Ihre Kinder sich zu der vollen Schönheit, Kraft und Größe entfalten können, die in ihnen angelegt ist. Wir alle wünschen uns doch nichts sehnlicher, als dass unsere Kinder ihr volles Potenzial entfalten können und zu liebevollen, eigenständigen, zuversichtlichen, klaren, freien, anteilnehmenden, glücklichen, kreativen Menschen heranwachsen

Auf diesem Weg wollen wir unsere Kinder begleiten. Der Neufeld-Ansatz ermöglicht uns genau dies, und während wir diesen Weg mit unseren Kindern gehen, wird gleichsam als Nebeneffekt unser Alltag mit ihnen entspannter, friedlicher, weniger chaotisch und weniger zermürbend. Das ist das, was mich am

Neufeld-Ansatz so begeistert und was ich, auch bei der Erziehung meiner eigenen Kinder, vielfach hautnah erleben durfte.

Doch ich will nicht verhehlen, dass die Sache einen Haken hat: Wenn wir beginnen, unsere Kinder und ihr Verhalten wirklich von innen heraus zu verstehen, lässt uns das nicht unberührt. Wir werden uns selbst allmählich ebenfalls besser verstehen, unsere eigenen Eltern, unsere Lebenspartner. Unter Umständen werden uns schmerzlich eigene Verletzungen bewusst. Oder wir bemerken festgefahrene Reaktionsmuster, die uns bisher wie innere Verkehrsschilder gezwungen haben, an einer bestimmten Stelle immer in derselben Richtung abzubiegen, gänzlich unabhängig davon, ob das sinnvoll war oder nicht.

Der Neufeld-Ansatz bedeutet nicht, dass wir selbst unberührt bleiben und einfach nur mit einer trickreichen neuen Methode erfolgreicher an unseren Kindern herumziehen. Der Neufeld-Ansatz gibt uns eine Landkarte, aber wenn wir wollen, dass unsere Kinder sich auf dieser Landkarte auf bestimmte Punkte hinbewegen und vorankommen, müssen wir diesen Weg mit ihnen mitgehen, und zwar nicht nur mit dem Finger auf der Landkarte, sondern ganz konkret im Alltag.

Dies macht uns zu den Weggefährten unserer Kinder und, solange sie klein sind, zu ihren Wanderführern. In dem Vertrauen und in der Geborgenheit, die dieser Weg bereithält, liegt eine tiefe Stimmigkeit. Und das ist vor allem darum so befriedigend, weil wir gleichzeitig unserem inneren Kompass folgen können und immer wieder feststellen, dass Landkarte und Kompass uns in dieselbe Richtung weisen.

Als Eltern suchen wir meist nach schnellen Lösungen für aktuelle Probleme im Umgang mit unseren Kindern. Doch dieses Buch will mehr, es will Ihnen ja wirklich eine Landkarte zur Verfügung stellen. Daher möchte ich mit Ihnen zunächst die grundlegenden Eigenschaften kindlicher Entwicklung erkunden.

Aus dem Zusammenspiel dessen, was ich in den ersten fünf Kapiteln darlegen werde, wird sich für Sie buchstäblich eine neue Perspektive eröffnen, die Sie befähigen wird, wirklich in jeder konkreten Situation individuell ableiten zu können, was jetzt für Sie und für dieses Kind das Richtige ist. In den letzten beiden Kapiteln finden Sie dann zusammenfassend Beispiele von den Auswirkungen dieses Wissens auf den Alltag mit Kindern.

Dipl.-Biol. Dagmar Neubronner, Bremen
Leiterin der deutschsprachigen Neufeld-Ausbildung
www.neufeldinstitute.de

Kapitel 1:
Das Konzept der Entwicklung

Was ist Reife?

In meiner Vorbemerkung hatte ich angenommen, unser größtes Ziel im Umgang mit unseren Kindern liege darin, dass jedes Kind sich zu seinem vollen Potenzial entfalten kann. Denn − wie jedem einleuchten wird − sind nicht all seine Fähigkeiten und Talente in allen Bereichen nach der Geburt bereits voll entwickelt.

Die Entwicklungspsychologie untersucht die Art und Weise, wie aus einem vollkommen hilflosen Neugeborenen ein glücklicher, erfüllter Mensch werden kann.

Welche Eigenschaften sollten wir uns denn für unsere Kinder wünschen, damit sie ihr Leben wirklich erfüllt leben können? Zu dieser Frage liegen bereits aus der Mitte des zwanzigsten Jahrhunderts faszinierende Untersuchungen des amerikanischen Psychologen Abraham Harold Maslow vor, dem Begründer der Humanistischen Psychologie. Er hat erkundet, welche Eigenschaften, unabhängig von spezifischen Begabungen und Interessenschwerpunkten, solche Erwachsene gemeinsam haben, bei denen man den Eindruck hat, dass sie ihr Leben voll ausleben und das in ihnen angelegte Potenzial sehr weitgehend verwirklichen. Dabei hat sich Folgendes herausgestellt:

Die drei Zutaten für ein erfülltes Leben

1. Die Kraft der Emergenz

»Komm, Matthias, ich helf dir, den Pullover anzuziehen!« Eben noch hat Matthias sich genüsslich von seiner Tante Sabrina ein Bilderbuch *vorlesen lassen, jetzt ist ihm kühl geworden. Er ringt mit seiner Jacke, und als sie ihm helfen will, weist er sie heftig zurück: »Lass mich, ich will das ALLEINE machen! SELBER!«*

Emergenz kommt aus dem Lateinischen und bedeutet auftauchen. Damit ist etwas gemeint, das ich in meinen Vorträgen gerne den «Hänschen-klein-Effekt» nenne: Die vorwärtsstrebende Kraft und der Drang, ins Neue aufzubrechen, unbekannte Gebiete zu erforschen, herauszufinden, wie etwas funktioniert: *«Mama lass mich! Ich will das alleine!»* – *«Du sollst mir nicht helfen! Ich will selber!»* Diese Kraft der Emergenz ist in jedem Menschen als Potenzial angelegt. Ob dieses Potenzial sichtbar wird und zum Ausdruck kommt, hängt jedoch davon ab, ob die Bedingungen dafür günstig sind. Ein unsicheres, verängstigtes, müdes oder krankes Kind zeigt keine Emergenz. Emergenz ist sozusagen eine Luxuseigenschaft, die dann auftritt, wenn die Bindungsbedürfnisse des Kindes (siehe Kapitel 2) erfüllt sind, wenn es weder hungrig noch müde ist, noch von Schmerzen geplagt wird. Dann bleibt ihm ein Zeitfenster für das selbstvergessene, erforschende Spielen und Erkunden, bis der (Bindungs-)Hunger wieder stärker wird.

2. Die Kraft der Adaption

»Mama, die blöde Lisa schmeißt mir immer den Turm um!« *Matthias ist wütend. Manchmal liebt er seine kleine Schwester zärtlich, aber im Moment empfindet er sie nur als Plage. Seine Mutter Silke nimmt ihn in die Arme: »Ich weiß, das ist so frustrierend! Dabei hattest du ihn gerade so schön hoch gebaut! Und jetzt ist alles wieder kaputt. Oh wie schade!, da wäre ich auch traurig!« Ihre warme, mitfühlende Stimme lockt bei Matthias, der sich jetzt für einen Moment fest an sie geschmiegt hat, ein paar Tränen bis in die Augenwinkel. Silke spürt, wie sich der Körper ihres Sohnes entspannt, und setzt noch hinzu: »Weißt du, sie bewundert dich so sehr, du bist halt ihr großer Bruder. Vielleicht gibst du ihr etwas anderes zu tun, etwas, das sie schon kann?« Matthias wischt sich die Augenwinkel, bleibt einen Moment*

still und löst sich dann von seiner Mutter. Mit neuerwachtem Elan ruft er: »Sie kann mir die roten Bauklötze raussuchen und herbringen!«

Menschen, die zu Neuem aufbrechen, erleben naturgemäß ständig, dass die Dinge nicht so klappen, wie sie sollen: Die kleine Schwester nervt, das Fahrradfahren klappt nicht, die Jacke will sich nicht anziehen lassen. Mutter oder Vater oder beide müssen schon wieder zur Arbeit gehen, der ersehnte Besuch von Oma fällt aus, der Goldhamster stirbt, die Bonbons sind alle, es ist schon wieder Schlafenszeit – die Liste der Misserfolge, Vergeblichkeiten und Frustrationen (nicht nur) in der Kindheit ist endlos.

»Oh wie schade« – der fruchtbare Frust

Welche Menschen sind es nun, die am besten mit solchen Widrigkeiten fertigwerden? Sind es die beinharten, denen nichts etwas ausmacht? Interessanterweise nein. Unser Gehirn ist so strukturiert, dass es immer zunächst nach einem Ausweg, einer Lösung sucht. Es möchte die Dinge mit Emergenz verändern. Doch wenn das nicht klappt, wenn diese Versuche nicht zum Ziel führen, dann muss das Gehirn zu einem Punkt gelangen, wo die Vergeblichkeit aller Bemühungen gefühlt wird. Dieser entscheidend wichtige Prozess, bei dem das, was wir nicht verändern können, uns verändert, heißt in der Psychologie Adaption. (Wir alle kennen vermutlich den Adapter, der die Dinge passend macht.)

Schon Friedrich Schiller formulierte: *»Wohl dem Menschen, wenn er gelernt hat, zu ertragen, was er nicht ändern kann, und preiszugeben mit Würde, was er nicht retten kann.«* Dieses Akzeptieren dessen, was ich nicht ändern kann, ist ein entscheidender Prozess, um im Leben voranzukommen. Besonders erfolgreich sind eben die Menschen, die sich von den vielen kleinen Niederlagen des Alltags nicht entmutigen lassen, sondern aus ihnen lernen, wie es nicht geht:

Von dem berühmten Erfinder Thomas Alva Edison wird erzählt, er habe mit mehreren hundert Materialen experimentiert (darunter so exotischen wie verkohlte Bambusfäden), während er versuchte, eine alltagstaugliche Glühbirne zu entwickeln. Erst das

Material Wolfram brachte dann den Durchbruch. Um diese Leistung vollbringen zu können, musste er jeweils akzeptieren, was sich nicht ändern ließ, nämlich das unbefriedigende Glühverhalten der anderen Stoffe, gleichzeitig aber an dem ferhalten, was sich ändern ließ, und sich auf diese Weise wie in einem Irrgarten vorantasten.

Diese Fähigkeit ist nicht selbstverständlich. Viele Kinder, Jugendliche und sogar manche Erwachsene heute können Misserfolge nicht verarbeiten und aus Fehlern nicht lernen. Diese wichtige Leistung ist nämlich erst dann möglich, wenn die Vergeblichkeit unseres Tuns oder die Unausweichlichkeit von etwas, was uns nicht behagt, von unserem Gehirn wirklich registriert und an das Gefühlszentrum weitergegeben wird. Was in diesem Moment im Körper passiert, ist aus biologischer Sicht hochinteressant. Unser Nervensystem kennt zwei grundsätzliche Befindlichkeiten:

A)   Die Einstellung für Kampf/Flucht: *»Papa soll aber nicht weggehen!«* Unser Körper produziert Adrenalin, ist angespannt und wach. Wir spüren Schmerzen, Müdigkeit und Hunger kaum und sind zu körperlichen Höchstleistungen fähig.

B)   Wenn unserem Gehirn dann dämmert, dass unsere Bemühungen vergeblich sind und wir akzeptieren, dass wir ertragen müssen, was nicht zu ändern ist, dann schaltet der Körper um in den Entspannungszustand. Wir spüren plötzlich, wie müde, hungrig, erschöpft wir sind, wie aufregend, anstrengend das alles war, und oft fließen dann auch die Tränen, vor allem bei kleinen Kindern: *»Mama, ich bin sooo traurig!«*

Diese Tränen sind chemisch ganz anders zusammengesetzt als z.B. die Tränen beim Zwiebelschneiden. Denn sie helfen dem Körper, all die chemischen Botenstoffe, die für den Modus ‚Kampf und Flucht' gebraucht wurden, so schnell wie möglich auszuscheiden. Der Volksmund spricht von den bitteren Tränen, die wir über etwas vergießen, worum wir lange vergeblich gekämpft haben. Darum fühlen wir uns, wenn wir uns dann endlich so richtig ausgeweint haben, zwar sehr müde, aber gleichzeitig wie gereinigt und auf eine ruhige Art ,leer'. Alle Kampf — und Fluchtbotenstoffe sind über die Nieren und über die Tränen ausgeschieden worden, wir haben uns entspannt.

Resilienz

Obwohl die Situation sich objektiv nicht verbessert hat, fühlen wir uns besser, und wir merken: Wir können auch mit der Tatsache weiterleben, dass Papa doch wieder zur Arbeit musste, dass Oma nicht zu Besuch kommt, dass der Goldhamster tot ist und dass es vor dem Essen keine Bonbons mehr gibt. Das gibt uns Kraft für die nächsten Widrigkeiten, denn unser Gehirn merkt sich: Traurige Ereignisse, Hindernisse und Misserfolge sind nicht das Ende der Welt. Die Wissenschaft nennt diese Fähigkeit, mit Widrigkeiten umgehen und sich von Krisen erholen zu können, und daraus sogar gestärkt hervorzugehen, Resilienz.

3. Die Kraft der Integration

Bei dem Wort Integration denken wir meist an ,Behinderte', die in ,normale' Schulklassen gehen oder an Migrantengruppen, die sich in der neuen Gesellschaft zurechtfinden sollen. Es geht also immer darum, verschiedene Dinge so zusammenzubringen, dass alle Anteile zu ihrem Recht kommen. Gordon Neufeld definiert Integration als Gemeinsamkeit ohne Verlust der Eigenständigkeit. Durch Integration wird aus einem Entweder-Oder ein Sowohl-als-auch.

Die gesellschaftliche Ebene der Integration bildet dabei die höchstentwickelte und am meisten verfeinerte Stufe der Integration. Und wer wünscht sie sich nicht für sein Kind? Doch das Phänomen der Integration ist in vielen Bereichen von großer Bedeutung.

Ebenen der Integration
Sensorische Integration

Integration fängt beim Neugeborenen bereits auf der Ebene der Sinneswahrnehmung an: Sein Gehirn lernt zum Beispiel, die voneinander leicht abweichenden Bilder, die vom rechten und linken Auge geliefert werden, miteinander zu verbinden, also zu integrieren. Das heißt, aus dem scheinbaren Widerspruch zwischen den beiden unterschiedlichen Bildern wird etwas Neues gebildet, bei dem beide Bilder zu ihrem Recht kommen. Erst durch diese Integrationsleistung entwickelt sich dann Perspektive – das räumliche Sehen, die Tiefenschärfe. Interessanterweise können die nachfolgend beschriebenen, übergeordneten Integrationsformen erst entwickelt werden, nachdem die sensorische Integration einigermaßen klappt.

Kognitive Integration

Es ist Juli, und Matthias und Lisa kommen erhitzt vom Trampolinspringen hereingerannt. »Papa, wir haben solchen Durst!« Vater Benjamin wendet sich seinen Sprösslingen zu – in der Flasche ist nur noch ein kleiner Rest Saft, und er verteilt diesen Rest gerecht auf zwei große Gläser. Lisa protestiert lautstark: »Papa, das ist viel zu wenig!« Benjamin hat gerade etwas Interessantes über kognitive Integration gelesen, das er jetzt gleich einmal ausprobieren möchte: Anstatt mehr Saft holt er ein schmales, kleines Gläschen. »Hier Lisa, pass auf, ich gebe dir mehr!« Der Vater füllt den Orangensaft aus dem großen Glas in das kleine. Der Saft ist nicht mehr geworden, aber das kleine Glas sieht voll aus. Zufrieden greift die dreijährige Lisa zu. Matthias mit seinen fünfeinhalb Jahren lächelt überlegen: »Ha, Papa, das ist doch gar nicht mehr Saft! Du hast den doch nur umgefüllt!« Papa lacht: »Ja, du bist eben schon so groß, dass du das merkst! Aber ich hab' nur Spaß gemacht, es ist genug Saft da.«

Lisa kann die verschiedenen gedanklichen Konzepte von Saftmenge und Gläsergröße noch nicht miteinander in Einklang bringen, Matthias ist bereits zu dieser Leistung, die als kognitive Integration bezeichnet wird, in der Lage. Der Schweizer Entwicklungspsychologe und Erkenntnistheoretiker Jean Piaget hat dieses Phänomen an seinen eigenen Kindern sehr genau erforscht. Denn Kinder werden erst allmählich und im Laufe ihres Reifeprozesses fähig, zu verstehen, dass man ein und dasselbe Ereignis aus unterschiedlicher Perspektive betrachten und dass es für zwei unterschiedliche Sichtweisen eine gemeinsame, übergeordnete Lösung geben kann.

Emotionale Integration

»Das ist mein Ball!« Mit ziemlicher Wucht pfeffert die dreijährige kleine Lisa dem Baby der Nachbarin ihren Ball an den Kopf. Das Baby brüllt los, Mutter Silke eilt herbei, und Lisa schreit ihr wütend entgegen: »Mama, mein Ball!« Silke kniet neben ihrer rabiaten kleinen Tochter nieder und nimmt sie in die Arme. »Ja, das ist dein Ball. Aber schau` mal, jetzt weint das Baby!« Lisa dreht sich um, und statt Wut zeichnet sich in ihrem Gesicht jetzt Mitgefühl ab. »Ooh, das Baby weint!«, sagt sie in mütterlichem Tonfall, wendet sich dem Nachbarskind zu und streicht ihm tröstend über den Kopf.

Viele Emotionen, z. B. Frustration und Anteilnahme, sind auch schon in kleinen Kindern vorhanden – nur leider noch nicht gleichzeitig. Das Entweder-Oder kann sich noch nicht zum So-wohl-als-Auch mischen.

Ganz entscheidend für den Neufeld-Ansatz und für die Entwicklungspsychologie insgesamt ist die Fähigkeit zur emotionalen Integration, also die Fähigkeit, gemischte Gefühle zu erleben. Kinder entwickeln diese Fähigkeit erst – und zwar frühestens! – zwischen dem fünften und siebten Lebensjahr. Kein Kind im Kindergartenalter wird sagen: «Ich bin da geteilter Meinung» oder «Ich weiß nicht so recht, einerseits möchte ich gerne in den Kindergarten, andererseits aber auch nicht». Entweder will es in den Kindergarten oder es will nicht in den Kindergarten, dazwischen gibt es nichts. Beide Zustände können sehr wohl nacheinander und im Wechsel erlebt werden, aber nicht gleichzeitig.

Diese Gleichzeitigkeit, also die wirkliche Mischung der Gefühle, ist es aber, was uns Reifere von vielen impulsiven Handlungen abhält, die Vorschulkinder noch bedenkenlos ausführen. Man kann durchaus schon bei kleinen Kindern sehen, wie sich verschiedene Impulse, wie beispielsweise Faszination und Angst, zu einem unbewussten Zögern mischen. Doch gerade die Fähigkeit, diese unterschiedlichen Gefühle aktiv miteinander in Ausgleich zu bringen und sich bewusst anders zu entscheiden, bildet den entscheidenden Entwicklungsschritt.

Wie wir alle wissen, ist die Entwicklung dieser Fähigkeit ein lebenslanger Prozess. Auch bei uns Erwachsenen gibt es einen Punkt, an dem ein Gefühl so mächtig ist, dass es uns nicht mehr gelingt, es mit anderen zu mischen. Dann nehmen Zorn, Enttäuschung, Begeisterung oder Angst überhand, und wir verlieren buchstäblich das Gleichgewicht. Unseren kleinen Kindern geht das ständig so...

Der Weg zu Emergenz, Adaption und Integration

Das sind also die drei Fähigkeiten, die ein gelingendes menschliches Leben ermöglichen, gelingend im Sinne von Entfaltung des vollen menschlichen Potenzials. Doch entscheidend an diesen drei Eigenschaften ist: In jedem Kind ist das Potenzial für diese Eigenschaften angelegt. Die Eigenschaften selbst entwickeln sich aber erst im Laufe der Jahre durch einen Reifungsprozess.

Nochmals: Jedes Kind besitzt dieses Potenzial – unabhängig von seinen sonstigen Fähigkeiten. Das bedeutet, die Fähigkeit zu reifen, hat nichts mit Genetik zu tun. Diese Eigenschaften sind nicht angeboren, das kleine Kind hat diese Fähigkeiten nicht sofort. Sie können nicht unterrichtet oder gelehrt werden, auch wenn das immer wieder behauptet und versucht wird. Denn die Fähigkeit, im Augenblick des Zorns über den umgestoßenen Bauklotz nicht blindlings zuzuschlagen, sondern an die Folgen zu denken, ist eben nichts, was gelernt werden kann. Diese Fähigkeit ist das Ergebnis eines erfolgreichen Reifungsprozesses.

Der Unterschied zwischen Dressur und Reife

Stürmisch umarmt Matthias seine Mutter, als er mittags nach Hause kommt. Schuhe aus, Jacke an den Haken, Tasche aufs Regal – und während Matthias zum Bad läuft, um sich vor dem Essen die Hände zu waschen, plappert er schon los und erzählt, was er heute alles erlebt hat.

Er ist mit seinen Gedanken gar nicht bei seinen Schuhen, seiner Jacke, der Tasche, dem Händewaschen – das sind einfach Gewohnheiten, die seine Mutter frühzeitig und eher spielerisch in das Familienleben eingeführt hat. Matthias handelt nicht aus Reife. Solange, bis er irgendwann den Nutzen von Ordnung begreifen wird, helfen klare Regeln und Rituale, den Alltag angenehm zu gestalten. Das kann in vielerlei Hinsicht sehr praktisch und sinnvoll sein, aber es gibt auch Grenzen:

»ÄnntSchullldigung!« Mit etwas leierndem Tonfall streckt Jennifer ihrem Freund Thomas die Hand hin, schüttelt sie hastig und läuft davon.

Sie empfindet keinerlei Reue, hat aber gelernt, dieses Ritual zu vollziehen, weil es sonst Ärger gibt. Hier ist der Grat zwischen «guten Manieren» und Erziehung zur Heuchelei schmal.

Man kann natürlich auch sehr kleinen Kindern beibringen, sich in einer bestimmten Weise zu verhalten und sogar bestimmte Gefühle (wie Reue) zu heucheln. Eine strenge Erziehung kann auch dazu führen, dass die Angst vor negativen Folgen bei einem Kind stärker ist als jedes andere Gefühl. Doch wenn die Kinder sich dann wie erwünscht verhalten (jedenfalls solange sie sich beobachtet wissen und solange die Angst größer ist), ist das nicht dasselbe wie echte innere Reife.

Wirkliche emotionale Integration bedeutet, dass verschiedene Gefühle, verschiedene Gedankenkonzepte oder Weltanschauungen nebeneinander Geltung haben können; dass angemessenes Verhalten nicht das Ergebnis von Gewohnheit oder Angst ist, sondern dass das Ergebnis den Sieg in einem inneren Kampf verschiedener Impulse darstellt. Erst wenn ein Kind diese

Entwicklungsstufe meistern kann, wird es sich auch in neuartigen Herausforderungen bewähren, spontane Ethik und somit wirkliche Menschlichkeit entwickeln können, anstatt einfach stur den Regeln zu folgen und »Dienst nach Vorschrift« zu machen.

Zusammenfassung

Reife ist weder angeboren noch vererbt, sondern wie bei einer Frucht das Ergebnis eines allmählichen Vorgangs, der sich eigenständig entfaltet, wenn die Bedingungen es zulassen. Emergenz, Adaption und Integrationsfähigkeit entwickeln sich nicht automatisch. Bei kleinen Kindern ist impulsives Verhalten »normal«. Daher ist es sinnvoll, ihnen und uns den Alltag durch Regeln und Rituale angenehmer zu gestalten. Aber anerziehen können wir ihnen Reife nicht.

Häufigstes Vorurteil: »Was Hänschen nicht lernt, lernt Hans nimmermehr«

Wichtigste Regel: Der Gärtner sorgt für gute Bedingungen, das Wachstum der ihm anvertrauten Pflänzchen geschieht ohne sein Zutun.

Kapitel 2:
Das Konzept der Bindung

Jedes, wirklich jedes Kind kommt unabhängig von seiner Intelligenz und sonstigen Talenten mit dem Potenzial zur Welt, sich in einem erfüllten Leben selbst zu verwirklichen. Ob sich die in ihm angelegten Eigenschaften von Emergenz, Adaption und Integration (siehe Kapitel 1) auch entfalten, hängt allerdings maßgeblich davon ab, ob es dafür die geeigneten Bedingungen vorfindet. Über diese Bedingungen werden wir in Kapitel 3 und 4 mehr erfahren. Doch absolut unerlässlich ist es für die volle Entwicklung dieser Qualitäten, dass ein Kind die Möglichkeit hat, eine tiefe Bindung zu mindestens einem Menschen aufzubauen.

Was ist mit tiefer Bindung gemeint?

Bei Bindung denken Sie vielleicht spontan an das, was unmittelbar nach der Geburt zwischen dem Kind und seiner Mutter geschieht: Das Neugeborene öffnet irgendwann die Augen, sucht den Blickkontakt zu seiner Mutter, trinkt vielleicht zum ersten Mal an der Brust und schaut dabei intensiv der Mutter in die Augen. Diese Kontaktaufnahme, das sogenannte »Bonding«, ist wunderbar, jedoch nur ein winziger Bruchteil von dem, was Bindung ausmacht.

Im Grunde ist Bindung über zwischenmenschliche Beziehungen hinausgehend eines der Grundprinzipien unseres gesamten Universums: Die Elektronen sind an den Kern gebunden, die Quarks schwirren in Bindung umeinander, die Planeten kreisen um die Sonne, diese hat ihre Bezüge im Spiralnebel der gesamten Galaxie – alles beruht auf Bindung, und ohne die Schwerkraft, unsere Bindung an die Erde, hätten wir überhaupt keinen Halt. Die Bindung zwischen Kindern und Eltern ist sozusagen ein physikalischer Spezialfall. Und sie ist wirklich sehr speziell.

Im Laufe der Evolution in der Tierwelt wurde ja erstmals bei den Säugetieren das Konzept der Warmblütigkeit umgesetzt. Während Amphibien und Reptilien – von seltenen Sonderfällen abgesehen – ihren Nachwuchs sich selbst überlassen und dieser auch meist sofort in der Lage ist, eigenständig zu überleben, ist dies bei warmblütigen Säugetieren (und Vögeln) grundlegend anders. Säugetierjunge kommen in einem erschütternd hilflosen Zustand zur Welt und brauchen zunächst für ihr Gedeihen eine spezielle und ausschließlich von der Mutter produzierte Nährflüssigkeit. Diese Tatsache gab der gesamten Gattung der Säugetiere ihren Namen.

Damit dieses merkwürdige Konstrukt funktionieren kann, musste die Natur etwas erfinden, das die Jungen zuverlässig dazu bringt, die Nähe ihrer Eltern zu suchen, und das Eltern zuverlässig davon abhält, ihre hilflosen, vollkommen abhängigen Jungen im Stich zu lassen oder gar als Leckerbissen zu verspeisen. In diesem Zusammenhang entstanden bei den Säugetierjungen wie bei ihren Eltern machtvolle Instinkte, die wir bei allen Säugetieren und auch bei uns Menschen beobachten können. Bei den Vögeln lässt sich ein ähnliches Prinzip feststellen, wenn auch die Taube der einzige mir bekannte Vogel ist, der in seinem Kropf ein eigenes, der Milch vergleichbares Drüsensekret produziert. Dafür spielen bei den Vögeln in vielen Fällen die Väter eine gleichberechtigte oder sogar vorrangige Rolle bei der Versorgung. Die Modelle des Zusammenlebens sind vielfältig, doch eines haben alle diese Tierarten gemeinsam:

Das Junge will nichts mehr, als in der Nähe der Mutter bzw. der Eltern zu sein und von ihnen versorgt zu werden. Gordon Neufeld bezeichnet diesen Drang als Nähestreben. Dieses übermächtige Nähestreben ist daher bei uns Menschen so stark und durchdringt unser aller Leben von der Wiege bis zur Bahre so sehr, dass die Wissenschaft sehr lange gebraucht hat, um diesen Trieb überhaupt zu entdecken. Das Streben nach Nähe ist bei unseren Kindern stärker als alles andere, sogar stärker als der Drang nach Nahrung und Sicherheit.

Menschenkinder kommen als vollkommen hilflose Traglinge zur Welt und sind aufgrund der besonderen menschlichen Gehirnentwicklung, die auf lebenslanges Lernen ausgerichtet ist, vergleichsweise lange auf sehr viel Fürsorge und Hilfe angewiesen. Die Notwendigkeit, bei einem älteren Mitglied der Spezies getragen und geborgen zu sein, ist instinktiv so stark in ihnen verankert, dass alle Kinder der Welt spontan voller Entsetzen und Panik schreien, wenn sie allein gelassen werden, noch dazu im Dunkeln. Mittlerweile setzt sich, wenn auch langsam, die Erkenntnis durch, dass dies keine boshafte Laune der Natur ist, um den Eltern ihren gemütlichen Abend zu verderben, sondern ein grundlegender Instinkt, der das Überleben der Menschheit überhaupt erst ermöglicht hat. Bis vor entwicklungsgeschichtlich sehr kurzer Zeit hätte kein Kind überleben können, wenn es sich abseits des gemeinschaftlichen Feuers im Dunklen hätte ablegen lassen und die ganze Nacht tief und fest durchgeschlafen hätte. Es wäre sofort gefressen oder vergessen worden, erfroren oder auf andere Weise umgekommen.

In uns Erwachsenen wiederum ist das Gegenstück zu diesem intensiven Nähestreben unserer Kinder angelegt: Die Mutter, beziehungsweise die Eltern, wollen nichts anderes, als in der Nähe ihrer Jungen sein. Und sie wollen sie bestmöglich versorgen, oft unter unsäglichen Opfern bis hin zum Einsatz ihres eigenen Lebens. Wir alle finden, solange wir noch einen Funken Kontakt zu unseren Gefühlen haben, kleine Babys unwiderstehlich süß und möchten sie sofort in unsere Arme nehmen, liebkosen, sie schützen und behüten. Das ist der Grund dafür, warum heutzutage, z.B. in kanadischen Schulen bei extrem verhaltensauffälligen, in ihren Gefühlen stark verhärteten Kindern, Babys und junge Tiere in den Unterricht gebracht werden. Selbst Kinder, die schon sehr stark den Zugang zu ihren fürsorglichen, zärtlichen Gefühlen verloren haben, können dem Liebreiz kleiner Babys meist nicht widerstehen und entdecken auf diese Weise diese weicheren Gefühle in sich neu.

Eigenschaften von Bindung

Das Phänomen der Bindung ist nicht auf uns Menschen, auch nicht auf das Tierreich oder das Leben überhaupt begrenzt. Bindung ist im subatomaren wie im kosmischen Maßstab, von Schwerkraft über Magnetismus, Chemie bis hin zu Liebe das, was unsere Welt im Innersten zusammenhält.

Wir sind also von unserem Säugetiererbe her auf Bindung, auf Verbindung zu anderen Menschen hin angelegt. Dieser Trieb ist in uns so allgegenwärtig und machtvoll, dass er lange nicht beachtet und erforscht wurde. Ich versuche mir das so vorzustellen: Bindung ist für uns wie das Wasser für Fische. Selbst wenn Fische denken könnten, würden sie nicht ohne weiteres auf die Idee kommen, dass es so etwas wie Wasser gibt. Wasser ist einfach immer da, und ein denkender Fisch, der aufs Trockene geriete, könnte von seinen Erfahrungen in der Regel nicht mehr berichten. Ohne Wasser sterben Fische, und ohne Möglichkeit zur Bindung sterben tatsächlich auch Kinder. Es ist darum von entscheidender Bedeutung für uns, dass wir die Eigenschaften dieses mächtigen Bidungsinstinktes kennen.

Bindung ist polar

So wie alles in unserem Universum ist auch die Bindung in Gegensätze unterteilt. Bewunderung kann umschlagen in Missachtung, Nacheifern in Trotz, Liebe in Hass.

Die Gegensätzlichkeit dieser Pole kann durch Integration überwunden werden. Wie wir in Kapitel 1 gesehen haben, ist diese Fähigkeit zur integrierenden Überwindung von Polarität die Frucht einer längeren Entwicklung. Kleine Kinder sind da noch sehr einseitig. Wenn heute Abend Papa ihr großer Star ist, dann darf nur Papa ihnen die Zähne putzen, vorlesen, das Gutenachtlied singen. *»Geh weg, Mama! Papa soll das machen!«* (Oder umgekehrt). Doch auch für manche Erwachsene bleibt die Welt ein in Schwarz und Weiß aufgeteilter, überaus polarer Ort. Für sie gehört zu jeder

positiver Bindungs-Pol	negativer Bindungs-Pol
Nähe suchen	Nähe meiden
Kontakt herstellen	Kontakt ablehnen
gefallen wollen	abstoßen wollen
aufschauen	herabsehen
beachten & zuhören	ignorieren & missachten
imitieren & nacheifern	verspotten & nachäffen
Besitzanspruch erheben	wegwerfen
loyal sein	opponieren & verraten
wertschätzen	geringschätzen
nach Bevorzugung streben	lächerlich machen
helfen wollen	sabotieren
wichtig nehmen	als unwichtig abwerten
erfreuen wollen	nerven & reizen
sich anfreunden	befeinden
lieben	verabscheuen
Geheimnisse teilen oder bewahren	Geheimnisse haben oder klatschen

Abbildung 1: Die Polarität der Bindung.

Lieblingsfußballmannschaft eine verabscheute Gegenmannschaft, und niemand wirkt, bis wir eine Trennung innerlich wirklich integriert haben, so nervig und abstoßend wie der eigene Ex-Partner.

Wenn wir diese Polarität in der Wahrnehmung, im Denken und besonders im Fühlen von Kindern berücksichtigen, können wir mit ihren oft brüsken Reaktionen viel gelassener umgehen. Wir können dann die Kraft der Polarität auch nutzen, um am richtigen Pol der Bindung zu stehen und bewusst Brücken zu den anderen Bezugspersonen des Kindes zu bauen. So entsteht für das Kind eine Art Bindungsdorf aus positiven Bindungen. Mit der ablehnenden Zurückhaltung des negativen Bindungspols begegnet das Kind dann denjenigen, die nicht zu diesem Bindungsdorf gehören. Dieser natürliche Schutzmechanismus sorgt dafür, dass diejenigen, die für das Kind sorgen und die Verantwortung tragen, auch diejenigen sind, an denen sich das Kind orientiert.

Bindung ist hierarchisch

Seine Jacke kann Matthias schon gut allein anziehen, bei den Schnür-senkeln hapert es noch. »Papa, hilfst du mir, die Schuhe zu binden?«, fragt Matthias. Sein Vater hilft ihm gern und schaut anschließend stillvergnügt zu, wie Matthias sich mit väterlicher Großzügigkeit sei-ner kleinen Schwester Lisa zuwendet. »Komm Lisa, ich knöpf dir die Jacke zu!«

Bindung ist der stärkste Trieb sozial lebender Säugetiere und des Menschen. Die Aufgabe dieses Triebes ist, sicherzustellen, dass hilfloser Nachwuchs instinktiv Schutz, Führung und Orientie-rung sucht und annimmt. Gleichzeitig sorgt Bindung dafür, dass die zuständigen Erwachsenen Schutz, Führung und Orientierung gerne geben. Daher gibt es zwei Ausformungen von Bindung, die einander ideal ergänzen. Gordon Neufeld bezeichnet sie als ab-hängige Bindung und Alpha-Bindung.

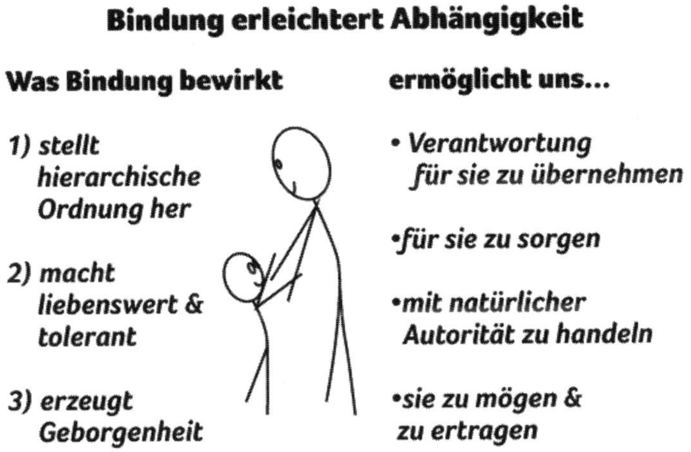

Bindung erleichtert Abhängigkeit

Was Bindung bewirkt

1) *stellt hierarchische Ordnung her*

2) *macht liebenswert & tolerant*

3) *erzeugt Geborgenheit*

ermöglicht uns...

• *Verantwortung für sie zu übernehmen*

• *für sie zu sorgen*

• *mit natürlicher Autorität zu handeln*

• *sie zu mögen & zu ertragen*

Abbildungen 2 und 3: Die abhängige Bindung eines Kindes an den verantwortlichen Erwachsenen ermöglicht diesem, seine fürsorgliche Verantwortung in der Alpha-Po-sition wahrzunehmen.

Was Bindung bewirkt	ermöglicht uns...
4) *erschafft einen Kompasspunkt*	• *Aufmerksamkeit zu lenken*
5) *aktiviert Nähe-Instinkte*	• *sie zu leiten & unsere Kultur weiterzugeben*
6) *erzeugt den Wunsch es recht zu machen*	• *sie nah zu halten*
	• *ihre Loyalität zu haben*

Erst das Zusammenspiel beider Bindungsformen ermöglicht die erfolgreiche Entfaltung des Nachwuchses.

Der in Zeiten von (zu Recht!) hoher Wertschätzung für Demokratie und Gleichberechtigung etwas anrüchige Begriff Hierarchie braucht uns dabei nicht zu beunruhigen. Die Interaktionen reifer Erwachsener sind dadurch gekennzeichnet, dass die Hierarchien nicht starr sind. Sie wechseln je nach Situation, bezogen auf die Demokratie zum Beispiel nach Wahlen, bezogen auf individuelle Beziehungen unter Erwachsenen je nach Erfordernis, Zuständigkeit, Kompetenzverteilung und Kraftreserven. Wenn Sie nach einem langen Arbeitstag erschöpft nach Hause kommen und hoffen, dass Ihr Partner sich um das Abendessen gekümmert hat, wünschen Sie sich in diesem Moment, dass er oder sie die Verantwortung übernimmt und Sie sich in »abhängiger« Bindung versorgen lassen dürfen. Wenn Sie dann jedoch Ihren Partner zu Hause mit fiebriger Grippe auf dem Sofa vorfinden, werden Sie automatisch innerlich umschalten, Ihre eigene Erschöpfung zurückstellen (beziehungsweise vorübergehend gar nicht mehr spüren) und zunächst für Ihren Partner das Nötige tun. Mit Hierarchie ist im entwicklungspsychologischen Zusammenhang also immer gemeint: Wer trägt die Verantwortung und übernimmt damit die Alpha-Rolle?

Für ihre ungestörte Entwicklung sind unsere Kinder darauf angewiesen, sich sicher und geborgen zu fühlen. Die Übernahme der führenden Alpha-Rolle ihren Eltern gegenüber würde ihre Kräfte überfordern; daher haben wir Erwachsenen hier eine klare dauerhafte Alpha-Funktion (siehe Seite 61). Wir sind »die Großen«, die sich kümmern, die Verantwortung tragen und Orientierung geben, immer in dem Wissen: Genau diese Geborgenheit sättigt unser Kind so, dass in ihm der Wunsch erwacht, bestimmte Dinge jetzt »alleine, selber!« zu tun. Je mehr Geborgenheit wir geben, umso stärker kann sich der natürliche Wunsch nach Unabhängigkeit und Eigenständigkeit in unserem Kind entfalten.

Bindung macht verletzlich

Gordon Neufeld hörte einmal, wie sein jüngster Sohn Braden als Sechsjähriger auf einem Sportplatz von älteren Kindern verspottet wurde. »Haha, du willst Fußball spielen? Du bist ja nur ein dummes kleines Baby!« Gordon Neufeld setzte sich eilig in Bewegung, um seinen Sohn zu schützen, da hörte er, wie Braden gelassen verkündete: »Ich bin kein kleines dummes Baby! Mein Papa sagt, ich bin ein Fußballer!«

Die Angriffe der fremden Kinder ließen Braden deswegen so kalt, weil für ihn viel entscheidender war, was sein Vater von ihm hielt. **Tiefe vertrauensvolle Bindungen schützen uns.** Umgekehrt ist klar, dass ein vernichtendes Urteil seines Vaters Braden ins Mark getroffen hätte. **Tiefe vertrauensvolle Bindungen machen uns auch verletzlich:** Der Mensch, an den wir am tiefsten gebunden sind und dem wir vertrauensvoll unser Herz geöffnet haben, hat gerade darum auch die Macht, uns am allertiefsten zu verletzen. Mit der Bindung unserer Kinder an uns ist also eine große Verantwortung verbunden.

Gleichzeitig liegt hier auch der Grund, warum Erwachsene in der therapeutischen Aufarbeitung ihrer Probleme fast ausschließlich um ihre nächsten Angehörigen kreisen und es immer wieder um Vater und Mutter geht. Jeder von uns hat seine tiefsten

Verletzungen in der frühen Kindheit durch die Menschen erlitten, an die wir in abhängiger Weise gebunden waren; es kann gar nicht anders sein. Dieser Umstand ist kein Hinweis darauf, dass Familie ein Modell ist, das nicht funktionieren kann, sondern einfach die Folge dieser mit Bindung notwendig verbundenen Verletzlichkeit. Wenn ein Kind nicht in der Familie aufwächst, sondern in einem Heim, einem Kibbuz oder anderen Einrichtungen, wird es eben dort die tiefsten Verletzungen erleiden.

Wir werden trotz aller Bemühungen nicht verhindern können, dass unsere Kinder sich manchmal von uns verletzt fühlen werden. Das Risiko, verletzt zu werden, ist an die Geborgenheit und Freude, die mit einer tiefen Bindung einhergehen, in natürlicher Weise gekoppelt. Dieser Umstand sollte uns zur Behutsamkeit veranlassen, kann uns aber auch entspannen – es kommt nicht darauf an, dass sich unser Kind NIE von uns verletzt fühlt und wir perfekt sind. Entscheidend ist, dass unser Kind es sich insgesamt (oder: wieder) leisten kann, in der Bindung zu uns ein offenes, weiches Herz zu behalten (oder: wieder zu bekommen). Dann kann es reifen und sein volles Potenzial entwickeln.

Bindung wächst – Ebenen der Bindung

Wenn wir die in Kapitel 1 vorgestellten drei großen Entwicklungsziele **Emergenz, Adaption** und **Integration** wie die starken Triebe einer Pflanze betrachten, die sich entwickeln und deren Früchte das reife Handeln des Kindes bilden, dann ist klar: Diese Pflanze braucht auch Wurzeln, und diese Wurzeln sind die Bindung. Ein Kind bildet diese Wurzeln in den ersten Lebensjahren zu den Erwachsenen aus, die für es sorgen.

Ich spreche hier bewusst von »den Erwachsenen, die für das Kind sorgen«, und nicht einfach von den Eltern. Denn interessanterweise kommt das kindliche Gehirn nicht mit einer festen Vorstellung und Einstellung davon zur Welt, wie die Personen, zu denen es eine Bindung aufbauen möchte, auszusehen haben. Das

Kind hat natürlich seine leibliche Mutter schon neun Monate lang mit Herzschlag, Stimme, Emotionen wahrgenommen und war ja über die Nabelschnur sogar physisch an sie gebunden. Es erlebt daher eine Trennung von der Mutter immer als schmerzhaften Einschnitt, aber in den ersten Monaten nach der Geburt ist das Gehirn eines Kindes relativ offen dafür, sich an eine Ersatzperson zu binden.

Die moderne Bindungsforschung nahm schon in den fünfziger Jahren besonders durch Sir John Bowlby ihren Anfang. Aber erst der kanadische Entwicklungspsychologe Gordon Neufeld hat entdeckt, dass ein Kind – im Idealfall in den ersten sechs bis sieben Lebensjahren, aber hierfür ist es nie zu spät – sechs immer tiefere Bindungswurzeln sozusagen in die »Muttererde« senkt.
Ein Kind ist von seiner Entwicklung her darauf angelegt, die Bindung zunächst gleichsam modellhaft an (mindestens) eine Person bis zur vollen Tiefe zu entwickeln. Diese ersten Bindungen dienen dann für alle weiteren und späteren Bindungen als Maßstab und Vorbild. Das Schöne und Faszinierende an diesen verschiedenen Entwicklungsstufen ist, dass sich das Kind nicht nur immer tiefer und damit vertrauensvoller an seine Vertrauensperson bindet. Sondern diese tieferen Bindungsstufen verleihen ihm gleichzeitig immer mehr Freiheit, seine eigene Persönlichkeit zu entwickeln. Das bedeutet: Tiefe Bindungen sind – auch wenn, beziehungsweise gerade weil sie uns verletzlich machen – die notwendige Voraussetzung für Individualität.

1. Bindung über Körperkontakt

Als mein erster Sohn eine Woche alt war, kamen Freunde zu Besuch und durften das Neugeborene auch mal halten. Wolfgang, einem Freund von mir, fiel auf, dass der Säugling zwar nicht protestierte, aber von seiner Körperspannung her deutlich nach rechts strebte, dahin, wo ich saß. Wolfgang setzte sich auf die andere Seite – nun strebte das Kind nach links. Es war ihm also keineswegs egal, wo es war, auch wenn es nicht protestierte, weil es mich ja noch hörte. Etwa sechs Wo-

chen später hatte ich einen wichtigen Termin, und meine Mutter kam, um erstmals allein den Säugling zu hüten, den sie vorher nur zwei - oder dreimal kurz gesehen hatte. Als ich zurückkam, waren Großmutter und Enkel schweißgebadet – das Kind hatte zwei Stunden fast nur geschrien. Ich war sehr erschrocken – mir war nicht klar gewesen, was ich ihm zugemutet hatte.

Das Neugeborene ist ja noch völlig hilflos und kann ohne die körperliche Nähe eines Erwachsenen nicht lange überleben. Es bindet sich daher auf der physischen Ebene, es möchte seine Bindungsperson, schmecken, tasten, riechen, sehen oder wenigstens hören können. Sowie diese Wahrnehmungen nicht mehr möglich sind, gerät es in Unruhe und strebt danach, die Bindung wieder herzustellen. Es bevorzugt dabei eindeutig seine Hauptbindungsperson. Es ist jedoch sehr sinnvoll so eingerichtet, dass sich junge Säuglinge, wenn sie nicht müde oder hungrig sind oder unter Schmerzen leiden, in der Regel ohne Protest an andere Erwachsene und ältere Kinder weiterreichen lassen. Ein so kleines Kind ist sowieso auf Gedeih und Verderb dem Schutz aller, mit denen es in Berührung kommt, ausgeliefert, und insofern ist es sinnvoll, dass Säuglinge zunächst einmal allen, die ihnen begegnen, Vertrauen entgegenbringen. Erst um den fünften Lebensmonat herum setzt dann die Fremdel-Reaktion ein, auf die wir in Kapitel 4 zu sprechen kommen werden (siehe Seite 58).

2. Bindung über Gleichheit

Immer wenn mein Mann für einige Tage verreiste, begann mein damals zweijähriger Sohn am zweiten Tag, ‚Papa' zu spielen. Er nahm sich sein Spielzeug-Handy und begann, hin- und herzulaufen, zu reden und zu gestikulieren, wie mein Mann es zu tun pflegt. Es war, als würde er versuchen, sich seinen Papa herzuholen, indem er so war wie Papa.

Im Laufe des ersten Lebensjahres entwickelt sich beim Kind die Fähigkeit zu krabbeln oder gar zu laufen, sich also eigenständig von der Mutter wegzubewegen. Jetzt wäre eine ausschließliche Bindung über Körperkontakt hinderlich und würde seinen Entwicklungsraum einschränken. Passenderweise setzt in dieser Phase die zweite Entwicklungsstufe der Bindung ein, nämlich die Bindung über Gleichheit. Unsere Ein- und Zweijährigen machen uns wie kleine Papageien alles nach. Dieser starke Nachahmungstrieb ist übrigens auch die Grundlage des Spracherwerbs: Ein Kind lernt sprechen, indem es die Laute der Erwachsenen nachahmt und im Versuch-Irrtum-Verfahren herausfindet, welche Signale zu welchen Ergebnissen führen. Ein zweijähriges Kind kann innerlich mit abwesenden Bezugspersonen verbunden bleiben, indem es so ist wie diese. Wenn Papa abwesend ist und das Kind ihn vermisst, dann hilft es in dieser Phase sehr, wenn die Mutter ihm Papas Schal gibt oder Papas Schuhe, es auf Papas Stuhl sitzen darf und so weiter. Indem es so ist wie die vermisste Person und Papa spielt, kann es sich Papa »vergegenwärtigen« und trotz äußerer Trennung an der Beziehung festhalten.

3. Bindung über Loyalität und Zugehörigkeit

»Papa, unser Auto ist schön! Ich helf' dir, unser Auto zu putzen.«

Mit etwa drei Jahren hat das Kind herausgefunden, dass es anders ist als alle anderen, sogar als die eigenen Eltern. In dieser Phase der Willensentfaltung entwickelt sich eine neue Bindungsstufe: Das Kind möchte jetzt nicht mehr unbedingt genau so sein wie, aber es möchte dazugehören, es möchte mithelfen, es möchte dabei sein, und es erhebt einen ziemlich starken Besitzanspruch. Es beginnt, ein starkes Gefühl für »mein« und (oft zunächst weniger stark) für »dein« zu entwickeln. »Das ist unser Auto! Das darfst du nicht anfassen!« Kinder in dieser Phase sind wie kleine Ritter, sie wollen auf derselben Seite stehen wie wir, sie wollen helfen, sie wollen dazugehören, und nichts kränkt sie mehr, als wenn wir ihnen das verwehren.

4. Bindung über Wertschätzung

Mit zwei oder drei Jahren hat der kleine Matthias seiner Tante Sabrina einfach stolz sein Gekritzel präsentiert: »Guck mal, hab ich gemalt!«. Ungefähr mit vier Jahren beginnt Matthias, sofern seine Entwicklung ideal verlaufen ist, Wert darauf zu legen, dass ihr das Bild auch gefällt. »Findest du mein Bild schön, Sabrina?«

Das Kind möchte nicht nur dazugehören, es möchte uns nicht nur gleichen und natürlich auch physisch mit uns verbunden sein, sondern das inzwischen gewonnene höhere Maß an Individualisierung führt dazu, dass das Kind gerade in seiner einzigartigen Besonderheit wertgeschätzt werden möchte, mit seinem Beitrag, mit dem, wie es ist.

Kinder in diesem Alter hören für ihr Leben gern Geschichten davon, wie wunderschön es war, als sie zur Welt kamen und wie Oma sich gefreut hat und was Tante Sabrina gesagt hat, als sie den kleinen Matthias zum ersten Mal gesehen hat. Sie sind sehr empfänglich für Lob und Tadel und entsprechend leicht gekränkt. Sie wollen jetzt nicht mehr einfach nur irgendwie dazugehören, sondern wirklich mit ihrer Persönlichkeit gesehen und anerkannt werden. Wenn ein Kind sich auf dieser Bindungsstufe zu oft zurückgewiesen, abgewertet und kritisiert fühlt, läuft es Gefahr, an diesem Punkt steckenzubleiben oder sogar wieder zurückzugehen zur Bindung über Loyalität und Zugehörigkeit. Erfährt es aber auf dieser Ebene genug Sicherheit und Bestätigung, wird es sich zur nächsten, noch tieferen – und damit auch noch verletzlicheren – Bindungswurzel hin öffnen können.

5. Bindung über Liebe

»Mama, ich hab' dich soo lieb!« Der fünfjährige Matthias strahlt seine Mutter an. In der Hand hält er ein paar Wiesenblumen, die er für sie gepflückt hat.

Erst wenn es auf der vierten Bindungsstufe ein Gefühl für seine eigene Einzigartigkeit und Individualität gewonnen hat, kann das Kind auch die Einzigartigkeit und Individualität bei anderen erkennen, vor allem natürlich bei seinen Hauptbezugspersonen. Wenn also alles gut geht und es nicht zu sehr verletzt wird (hierauf werden wir im nächsten Kapitel ausführlich eingehen), wird ein Kind mit etwa fünf Jahren diese emotionale, individuelle Art der Liebe zu seinen Hauptbezugspersonen entwickeln.

Es ist eine Zeit, in der unsere Kinder uns mit liebevollen Augen anschauen, uns Herzchen malen und uns Liebesgeständnisse machen. Auch einer meiner Söhne erklärte mir in dieser Phase mit großer Selbstverständlichkeit, dass er natürlich später mich heiraten werde. Dieser Punkt mit dem »Heiraten« ist nach Gordon Neufelds Überzeugung nicht im Sinne eines sexuellen Begehrens zu verstehen, wie es von der Freudschen Psychoanalyse aufgefasst wird. Darum geht es Kindern in diesem Alter gar nicht. Sondern das Heiraten-Wollen und die Liebesgeständnisse sind Ausdruck ihrer wirklich tiefen emotionalen Herzöffnung und Zuwendung, die nichts mit genitaler Sexualität zu tun hat. Kleine Jungen und kleine Mädchen wollen einfach nur mit den Menschen, die sie lieben und vor allem mit dem Menschen, dem sie in dieser Phase ihr Herz geschenkt haben, »für immer« zusammen sein. Das ist nun mal die Haupteigenschaft des Phänomens Bindung: Zum einen geht es um das Streben nach Nähe, und zum anderen ist Bindung auf Dauer angelegt, wie Gordon Neufeld betont.

Diese emotionale Liebe ermöglicht es dem Kind, auch bei längeren Trennungen über Wochen hinweg innerlich an der geliebten Person festzuhalten, eben weil es diese Person in ihrer Einzigartigkeit und Persönlichkeit erfasst hat und gezielt an sie denken kann. Natürlich leidet es unter einer langen Trennung, vermisst uns und sehnt sich nach uns. Aber wenn wir ihm helfen, wird es die Verbindung aufrechterhalten können. So geht also auch mit dieser Bindungsvertiefung wiederum ein Mehr an Freiheit einher — sowohl für die Entwicklung des Kindes, als auch für seine Eltern.

6. Bindung über Vertrautheit

Doch auch mit dieser emotionalen Liebe, die den anderen in seiner Individualität meint, ist noch nicht die tiefste Ebene der Bindung erreicht. Was sich nun auf der Grundlage dieser Liebesgefühle entwickelt, ist das Phänomen der psychologischen Vertrautheit und Nähe. Es erhebt sich wie eine Oktave über der ersten Bindungsstufe der körperlichen Nähe und Vertrautheit und bringt die letztmögliche Tiefe der Beziehung bei gleichzeitiger höchstmöglicher Freiheit für die eigene Persönlichkeit mit sich. Ein Kind auf dieser Bindungsstufe hat den Wunsch, von seiner Bezugsperson wirklich gekannt zu werden.

»Papa, weißt du, was ich heute gemacht habe?!« Aus Mattihas sprudeln all seine Erlebnisse hervor und er hat keine Ruhe, bis sein Vater haarklein auf dem neuesten Stand ist. Er möchte seine Geheimnisse, seine Gedanken, seine Pläne, seine Hoffnungen, seine Befürchtungen mit seinem geliebten Papa teilen und ihm sein Herz, das er ihm auf der vorherigen Bindungsstufe geschenkt hat, »ausschütten« . Er möchte ihm mitteilen, was in seinem Herzen ist.

Diese tiefste Form der Bindung ist im Idealfall auch die Ebene unserer erwachsenen Liebes — und Freundschaftsbeziehungen. Wenn unser Kind sich mit so tiefen Wurzeln an uns gebunden hat, kann es auch längere Trennungen überstehen. Es wird uns schrecklich vermissen, aber es wird in der Lage sein, innerlich an uns festzuhalten. Für diese tiefe Bindung ist es nicht unbedingt nötig, genauso zu sein wie der andere, zur gleichen Gruppe zu gehören oder persönliche Wertschätzung für das Tun des anderen zu empfinden. Bindung über seelische Vertrautheit trägt sogar dann, wenn die emotionale Liebe, beispielsweise während eines Konfliktes, gerade nicht so spürbar ist. Und sie erkundet das Gegenüber wie ein unbekanntes Universum. »Ach, so ist das bei dir? Das ist ja spannend. Bei mir ist das ganz anders. «

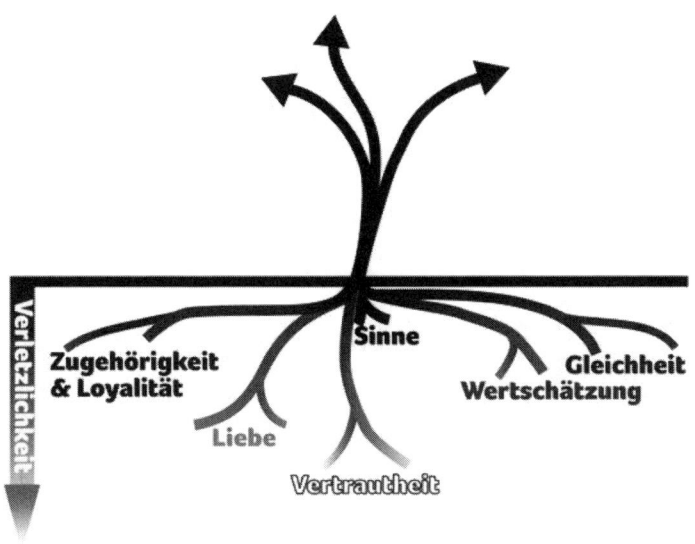

Abbildung 4: Bindung macht verletzlich

Bindung verwirklichen

Diese Bindungsstufen entwickeln sich, ähnlich wie die in Kapitel 1 über Entwicklung vorgestellten drei Früchte der Reifwerdung (Emergenz, Adaption und Integration), nicht unausweichlich: Jedes Kind bringt das Potenzial mit, die Bindung auf diesen Ebenen zu entwickeln. Geschehen wird dies aber nur unter günstigen Umständen, und nur im Idealfall wirklich bereits in den ersten sechs Lebensjahren. Vielen Kindern gelingt es nicht, diese tiefst mögliche Bindung zu ihren Eltern zu entwickeln, manche bleiben sogar schon auf Ebene der physischen Nähe, der Gleichheit oder der Zugehörigkeit stecken. Darum ist es von so unschätzbarer Bedeutung, dass wir uns darüber im Klaren sind, wie wir bewusst den Aufbau und die Entwicklung von Bindung fördern können. Denn erst die Bindung des Kindes an uns versetzt uns in die Lage, unserer Aufgabe als verantwortlicher Erwachsener gerecht zu werden.

Bindung aufbauen durch den Bindungstanz

Was machen wir eigentlich genau, wenn wir ein Baby sehen? Bei diesem Geschehen handelt es sich um einen festgefügten, instinktiven Ablauf, bei dem das Baby und der Erwachsene nach instinktiven, uralten »Regeln« aufeinander reagieren. Dasselbe spielt sich, wenn auch nicht in ganz so archaischer Deutlichkeit, auch im Kontakt mit älteren Kindern ab – und natürlich auch unter Erwachsenen. Sämtliche Begrüßungsrituale auf der ganzen Welt folgen ebenfalls diesem Muster. Ich möchte diesen Tanz hier im Einzelnen vorstellen. Denn das Wissen um die einzelnen Schritte in diesem Tanz kann uns helfen, unser Kind, zu dem wir die gute Bindung noch nicht aufgebaut (oder wieder verloren) haben, mit uns auf gesunde Weise in Kontakt zu bringen.

Bindungstanz Schritt 1: Augenkontakt

Sabrina ist schon vor etlichen Monaten Tante geworden, war aber im Ausland. Nun besucht sie zum ersten Mal ihre Schwester. Die junge Mutter steht strahlend vor ihr, das Kind auf dem Arm. Was tut die frischgebackene Tante? Nun, zunächst einmal begrüßt sie natürlich ihre Schwester. Dann wendet sie sich dem Baby zu: »Na, und du bist also der kleine Matthias?!«

Aber was sie sagt, ist nicht so wichtig. Entscheidender ist, dass sie, während sie irgendetwas Nettes von sich gibt, »große Augen macht«, das Kind anlächelt und nickt. Dieser Dreiklang von Augenkontakt, Lächeln und Nicken ist nicht zufällig Bestandteil aller Begrüßungsrituale dieser Welt, auch wenn es manche, besonders scheue Kulturen gibt, bei denen der Augenkontakt nicht gleich zu Anfang erfolgt.

Aber vielleicht schaut das Baby seine Tante gar nicht an. Was macht Sabrina dann? Wir alle haben schon geschmunzelt, wenn wir gesehen haben, wie Leute – uns selbst nicht ausgenommen – sich buchstäblich »zum Affen machen«, um das Augenmerk eines Babys zu gewinnen. Wir geben seltsame Laute von uns, schneiden allerlei Grimassen und überhaupt: Was veranstalten wir nicht alles, damit uns das Baby anschaut? Und sobald wir das erreicht haben, reden und lächeln und nicken wir nach Kräften: »*Ja, wo ist er denn?*«, bis das Baby uns endlich nicht nur mit diesem ernsten, unbestechlichen Babyblick anschaut, der uns warnend auf Abstand hält: »*Keinen Schritt näher oder ich schreie!*«, sondern in dieses einmalige, wonnige, strahlende Babylächeln ausbricht. Wenn es älter ist, kann es zu unserer Frage: »*Hast du da einen schönen Ball?*« oder ähnlichem Smalltalk nicht nur lächeln, sondern ebenfalls mit dem Kopf nicken. Und dann haben wir gewonnen und können zum nächsten Schritt des Tanzes übergehen.

Manchmal klappt das nicht, weil das Baby beispielsweise müde ist oder aus irgendeinem Grunde gerade kein Interesse hat. Dann ist den meisten Erwachsenen intuitiv klar – wenn auch nicht unbedingt bewusst –, dass sie nicht zur nächsten Stufe des Tanzes übergehen können, bevor Augenkontakt, Lächeln (und Nicken, wenn das Kind alt genug ist) funktionieren.

Und mit den Großen?
Was bedeutet das nun in der Übertragung auf ältere Kinder, Jugendliche und Erwachsene? Bei Erwachsenen berücksichtigen wir diese Regeln meist erstaunlich gut. Niemand von uns würde, wenn er morgens bei der Begrüßung feststellt, dass sein Partner ihm nicht in die Augen schaut, ihn nicht anlächelt und zu allen Bemerkungen über das Wetter eine andere Meinung hat, unbefangen weiter so tun, als wäre alles in Ordnung, oder ihn gar um einen Gefallen bitten. Wir würden uns oder auch den Partner fragen: »*Was ist los?*«, und wir wären erst beruhigt, nachdem Augenkontakt, Lächeln und Nicken stattgefunden hätten, und sei es auch nur ein müdes Lächeln, begleitet von der Mitteilung: »*Ich habe rasende Kopfschmerzen, sprich mich am besten nicht an.*«

Aber bei unseren älteren Kindern achten wir oft nicht mehr darauf, diese entscheidende Grundregel einzuhalten, und Eltern pubertierender Jugendlicher schauen manchmal ganz verblüfft, wenn ich sie frage, wann ihr Kind sie zum letzten Mal angelächelt und zu dem, was sie gesagt haben, genickt hat. Sie müssen dann schon lange in ihrer Erinnerung kramen und stellen schließlich fest, dass selbst dieser erste Schritt des Bindungstanzes zwischen ihnen und ihrem Kind schon lange nicht mehr oder viel zu selten getanzt wird. Wir rufen von der halben Treppe ins Wohnzimmer hinein die Aufforderung, den Fernseher auszuschalten und ärgern uns dann, wenn nichts passiert. Würden wir uns ein paar Sekunden Zeit nehmen, um ins Wohnzimmer zu gehen, uns neben den Jugendlichen zu setzen, im Gespräch Augenkontakt, Lächeln und Nicken einzusammeln und erst dann dieselbe Aufforderung an ihn richten, würden wir einen frappierenden Unterschied bemerken. Probieren Sie es aus (funktioniert auch bei Partnern)!

Bindungstanz Schritt 2: Einen Berührungspunkt anbieten
Sabrinas Neffe strahlt seine Tante an, er lächelt und nickt zu ihren Worten.

Was wird Sabrina als Nächstes tun? Sie wird ihm, zumindest in den allermeisten Fällen, ihre Hand oder besser gesagt, den ausgestreckten Zeigefinger hinhalten und damit die Handfläche des Babys berühren. Wenn Matthias Interesse daran hat, jetzt eine Bindung zu ihr aufzunehmen, wird er den Finger mit seinem Händchen fest umklammern. Dies ist einer von vielen bindungsbezogenen Reflexen, mit denen unsere Kinder zur Welt kommen. Im Internet finden Sie unter dem Stichwort ‚Hand der Hoffnung' ein weltberühmtes Foto: Es zeigt, wie ein Embryo während einer pränatalen Operation mit seiner winzigen Hand den Finger des Chirurgen umklammert. Ist Matthias im Moment nicht interessiert, wird er seine Handfläche zurückbiegen und Sabrinas Finger nicht ergreifen – sie weiß dann, dass sie noch ein bisschen mit Schritt 1 weitermachen muss.

Und mit den Großen?
Nun ist es keine gute Idee, einem Acht - oder Vierzehnjährigen den Finger hinzuhalten, sondern hier bieten wir, wie auch im Umgang mit Erwachsenen, Berührungspunkte im übertragenen Sin-

ne an, meist im Gespräch. Wir stellen Gemeinsamkeiten fest, vertiefen die Ansichten über das Wetter, die schon vorher zu Lächeln und Nicken geführt haben. Wir sprechen keine problematischen Punkte an, sondern die Dinge, von denen wir glauben, mit unserem Gesprächspartner auf einen Nenner zu kommen, kurz, wir liefern Berührungspunkte aller Art.

Gordon Neufeld berichtet, dass er sich im Gefängnis bei seiner Arbeit mit gewalttätigen Jugendlichen oft regelrecht vorbereitet hat, um Gemeinsamkeiten ansprechen zu können. Dann versuchte er beispielsweise, eine sinnvolle Bemerkung über die Band fallen zu lassen, deren Name auf dem Arm des Häftlings eintätowiert war. Auch hier gilt: Erst wenn das, was wir anbieten, akzeptiert wird, können wir erfolgreich zum nächsten Schritt übergehen.

Bindungstanz Schritt 3: Die Einladung, sich auf uns zu verlassen

Matthias strahlt Sabrina an, er hat sein Fäustchen fest um ihren Finger geschlossen und will ihn gar nicht mehr loslassen.

Was macht Sabrina als Nächstes? Mit sehr hoher Wahrscheinlichkeit wird sie ihrem Instinkt entsprechend Folgendes tun: Sie wird ihre Arme zu ihrem kleinen Neffen ausstrecken und ihn fragen, ob er zu ihr auf den Arm kommt. Und wenn Matthias das möchte und dazu bereit ist, wird er auf diese einladende Geste ebenfalls instinktiv antworten, indem er seine Ärmchen anhebt, so dass sie ihn unter den Achseln fassen und von seiner Mutter »pflücken« kann.

Und mit den Großen?

Natürlich geht das bei Schulkindern und Jugendlichen nicht mehr so leicht, und sie würden sich auch wundern. Hier wird die Einladung, sich auf uns zu verlassen, anders formuliert.

»Ich könnte dort mal anrufen und einen Praktikumsplatz für dich organisieren. Soll ich das tun?«, wird Sabrina viel später ihren mittlerweile zwölfjährigen Neffen Matthias fragen. Zuvor hat sie ihm

schon einen Keks angeboten (Berührungspunkt), den er dankend verspeist hat. Zu Anfang, als sie ihn nach längerer Zeit wiedersah, brauchte sie eine Weile, bevor Matthias ihr in die Augen blickte, zu ihren Bemerkungen lächelte und zustimmend nickte, als sie sein neues Fahrrad bewunderte.

Auch unter Erwachsenen ist diese Form des Bindungsaufbaus sehr üblich. Wir lernen jemanden kennen, schauen ihm in die Augen, lächeln und nicken, während wir uns darüber austauschen, wie nett wir die Gastgeberin finden und wie scheußlich heute das Wetter war. Dann finden wir immer mehr Ähnlichkeiten heraus: »Ach, du spielst auch Tennis? « — »Ja, in Frankreich war ich auch schon mal« usw. Bei unverbindlichen Partygesprächen bleibt es dabei. Wenn uns jemand näher interessiert und wir den Kontakt intensivieren wollen, sprechen wir eine Einladung aus, sich auf uns zu verlassen: »Also wenn du davon mal größere Mengen brauchst, die kann ich dir über meinen Schwager ganz preiswert und gut besorgen.«

Bindungstanz Schritt 4: Orientierung geben
Sabrina hat ihren kleinen Neffen nun glücklich in den Armen und setzt ihn sich auf die Hüfte. Was tut sie als Nächstes, um die neu entstandene, noch zarte Bindung zu festigen? Sie tut, was überall auf der Welt hilfreiche Onkel und Tanten tun. Sie wandert mit dem kleinen Matthias umher und zeigt ihm die Welt: »Schau mal, da ist ein Hund!« — »Und da ist die Mama, da ist der Papa und da ist Onkel Tobias.«

Sie zeigt, das Kind folgt ihrem Blick, und sie nimmt die Rolle ein, die Erwachsene Kindern gegenüber natürlicherweise haben sollten: die des erfahrenen Orientierungsgebers. Wir haben uns heute oft angewöhnt, den Spieß umzudrehen und dem Kind die Führungsrolle zuzuweisen. Doch unsere Kinder brauchen es, dass wir ihnen (zunächst) Orientierung geben. Erst wenn sie sich sicher fühlen, wollen sie »Alleine! Selber!« auf Entdeckungstour gehen, und dieser Zeitpunkt ist entgegen der landläufigen Meinung umso eher erreicht, je mehr Orientierung und Sicherheit wir vermitteln.

Und mit den Großen?
Je älter Matthias wird, desto mehr wird er selbst in der Lage sein, seine Umgebung zu erkunden, und nur noch in unvertrauten und beunruhigenden Situationen Orientierung brauchen und wünschen. Seine Ausflüge in die Eigenständigkeit werden allmählich immer länger werden. Und doch: Die grundsätzliche Rolle als Orientierungsgeber, wenn auch zunehmend im Hintergrund und für die »großen Fragen«, bleibt uns letzten Endes ein Leben lang erhalten. In neuen Situationen tut es einfach gut, wenn wir wissen: *«Auf Mama kann ich mich verlassen, wenn's brenzlig wird.»*

Zusammenfassung

Das Konzept der Bindung ist uralt, im Laufe der Evolution entstanden und in unserem Alltag allgegenwärtig. Bindung entwickelt sich beim Menschen in den sechs aufeinanderfolgenden Stufen:
1.   Physische Nähe – über die Sinne
2.   Gleichheit
3.   Zugehörigkeit und Loyalität
4.   Wertschätzung
5.   Liebe
6.   Seelische Vertrautheit

Jede Stufe bietet mehr Raum für individuelle Entfaltung als die vorhergehende. Im Idealfall gelangt das Kind innerhalb der ersten sechs Lebensjahre bis zur tiefsten Bindungsebene.
       Der Aufbau von Bindung erfolgt in einem instinktiv verankerten Bindungstanz und basiert auf der wechselseitigen Bereitschaft, Kontakt aufzunehmen (Schritt 1), zu geben und zu empfangen (Schritt 2), zu tragen und sich tragen zu lassen (Schritt 3) und zu führen und sich führen zu lassen (Schritt 4). Bindung ist also immer hierarchisch geordnet (siehe Seite 29).
       Auch unter Erwachsenen sind diese hierarchischen Rollen klar erkennbar, allerdings mit einem wichtigen Unterschied: In

ausgewogenen Beziehungen, wie unter Freunden oder zwischen gleichberechtigten Partnern, wechseln wir ständig von einer Position in die andere. Das ist ein fließender Prozess. Je nachdem, worum es geht oder wer gerade mehr Kraftreserven hat, übernimmt mal die eine und mal die andere Person die Führung. Sie unterstützt den anderen, bietet Hilfe an und gibt Orientierung – ein andermal ist es umgekehrt.

In diese demokratische Ausgewogenheit wachsen unsere Kinder erst im Laufe eines langen Entwicklungsprozesses allmählich hinein. Anfangs sind sie uns gegenüber fast ausschließlich in der Position der Empfangenden – zumindest sollte es so sein. Wir haben ja bereits in Kapitel 1 gesehen, dass der emergente Drang zur Selbstständigkeit dann aufblühen kann, wenn das Kind sich um seine Geborgenheit keine Sorgen machen muss und bindungssatt ist.

Auch ein kleines Kind kann schon den Impuls haben, seiner Puppe, dem Kätzchen oder dem neuen Baby gegenüber eine fürsorgliche Haltung einzunehmen, zu beschützen, zu trösten, Orientierung zu geben. Aber es braucht (mindestens) einen Erwachsenen, der ihm die Gewissheit gibt: *Zu mir kannst du immer kommen, ich bin immer für dich da und biete Rat, Hilfe, Schutz, Trost und Geborgenheit.* Diese Einladung, sich bei den Eltern (oder den diese Rolle einnehmenden fürsorglichen Erwachsenen) bei Bedarf jederzeit anlehnen zu dürfen, ist darum für die gesunde Entwicklung eines Kindes besonders wichtig (mehr darüber in Kapitel 4 über Abhängigkeit).

Häufigstes Vorurteil: »Der will ja nur Aufmerksamkeit!«.

Wichtigste Regel: Bindung ist die Grundlage für alles andere und hat höchste Priorität.

Kapitel 3:
Das Konzept der Verletzlichkeit

»Hau doch ab, du Memme!«, schreit Oliver. Was für ein schwarzer Tag! Matthias wendet sich schweigend ab. Den Rest der Schulstunden erlebt er wie erstarrt, kann sich auf nichts mehr konzentrieren. Zu Hause bricht es aus ihm hervor: »Oliver ist total bescheuert — und so gemein! Ich hasse ihn! Ich bin so sauer!« Silke schaltet die Herdplatte aus und setzt sich zu ihrem Sohn — hier darf jetzt nichts anbrennen, und aus »Sauer« muss »Trauer« werden. »Oje, da ist wohl heute was Schlimmes passiert zwischen dir und Oliver? Wie traurig, er ist ja dein bester Freund!«, sagt sie in mitfühlendem Ton und nimmt ihren Großen sanft in die Arme. Matthias murmelt erst abweisend: »Ach, lass mich!«, aber dann schlingt er ihr die Arme um den Hals, lehnt den Kopf an Silkes Schulter, und nun fließen die Tränen. »Oliver will nicht mehr mein Freund sein!« Silke spricht nicht viel, sie hält ihn einfach warm und geborgen, bis er sich ausgeweint hat.

Schneck im Haus, komm' heraus, strecke deine Fühler aus

Verletzlichkeit, werden Sie sich vielleicht fragen, das soll was Gutes sein? Ist es nicht besser, unverletzlich zu sein und gut geschützt? Verletzlichkeit klingt so nach Zerbrechlichkeit und Instabilität. Nicht umsonst streben die meisten Kinder und Jugendlichen und auch viele Erwachsene heute doch danach, cool zu sein anstatt empfindsam und verletzlich. Um das Konzept der Verletzlichkeit zu erklären, zeige ich in meinen Vorträgen gerne Bilder von Gehäuseschnecken: Stellen Sie sich eine zarte Schnecke vor, die mit ausgefahrenen Fühlern vorwärts strebt. Ihre Sinnesorgane sind voll aufnahmefähig. In diesem Zustand kann sie vorwärts kriechen, sich nähren und wachsen. Doch gleichzeitig ist sie äußerst verletzlich.

Stellen Sie sich nun dieselbe Schnecke im Zustand der Panzerung, der Unverletzlichkeit vor – also in ihrem Schneckenhaus. In diesem Zustand ist sie sehr gut geschützt, kann widrigen Bedingungen und Bedrohungen von außen lange widerstehen und vieles aushalten, was ihr in einem verletzlichen Zustand den Garaus machen würde.

Es ist vollkommen einleuchtend, dass eine Schnecke, um gut zu gedeihen, in der Lage sein muss, flexibel auf die äußeren Umstände zu reagieren. Eine Schnecke, die sich bei Gefahr nicht in ihr Schneckenhaus verkriechen kann, wird schnell der nächsten Drossel zum Opfer fallen. Doch einer Schnecke, die sich ständig nur in ihrem Haus verkriecht, wird die Möglichkeit fehlen, ihre Umgebung wahrzunehmen, sich zu nähren und zu wachsen und im buchstäblichen wie übertragenen Sinne voranzukommen.

Genauso ist es mit unseren Kindern, und darum ist das Konzept der Verletzlichkeit so wichtig. Verletzlichkeit bedeutet im Neufeld-Zusammenhang Folgendes: Für die Entwicklung unseres Kindes ist es von entscheidender Bedeutung, dass es zwar in der Lage ist, sich zu schützen, dass es aber nicht zu viel Zeit in seinem »Schneckenhaus« verbringen muss. Denn alle Zeitabschnitte, in denen es sich bedroht, ungeborgen und unsicher fühlt und darum in sein seelisches Schneckenhaus zurückzieht, stehen ihm nicht als Zeit zum Lernen und zum Vorwärtskommen, zum Reifwerden zur Verfügung. Nur an den Emotionen, die das Kind fühlt, kann es reifen.

Dieses Zurückziehen in sein Schneckenhaus, also das innere Sich-Wappnen und Sich-Panzern, nimmt das Kind gar nicht bewusst vor. Das würde zu langsam gehen und auch viel Erfahrung voraussetzen. Das Gehirn entscheidet automatisch, wann es sich so alarmiert fühlt, dass es alle Körperfunktionen auf Schutz, Abwehr, kurz: Kampf und Flucht schaltet. Wir nennen diesen Zustand Stress: Der Adrenalinspiegel steigt, die Wahrnehmung von Hunger, Müdigkeit, Schmerzen und Emotionen schwindet.

Vermutlich werden Sie aus Ihrem eigenen Leben die Situationen kennen, in denen Sie sich in diesem Zustand befinden. Wenn wir uns dann irgendwann wieder richtig sicher fühlen, schaltet unser Gehirn wieder um: Jetzt sind wir wieder in der Lage, unsere Erschöpfung, unsere schmerzlichen Gefühle zu fühlen. Vielleicht kommen uns sogar die sogenannten »Tränen der Erleichterung«. Unser Gehirn hat umgeschaltet von »Panzerung« auf »Verletzlichkeit« und hilft uns, das Erlebte zu verarbeiten und wieder neue Kraft zu sammeln. Sie sehen: Das ist von der Natur alles wunderbar geregelt.

Auch wir als Erwachsene können den Zeitpunkt, wo unsere Panzerungsautomatik greift, nicht selbst bestimmen. Manchmal wird unsere Panzerung aktiviert, obwohl wir es gar nicht wollen. Wir treffen vielleicht eine frühere Freundin, die uns sehr verletzt hat, und obwohl wir gern freundlich und souverän reagieren würden, rastet unsere Panzerung ein, und wir reagieren vielleicht wie erstarrt oder besonders schnippisch. Umgekehrt musste ich, als vor einigen Monaten meine allerbeste Freundin starb, zwei Wochen lang zu Beginn jedes meiner Online-Seminare kurz weinen. Ich hätte mich viel lieber »zusammengerissen«, aber mein Gehirn entschied, dass ich den Neufeld-Studierenden meine Trauer ruhig zeigen durfte.

Sofern alles richtig funktioniert, pendeln wir also je nach Situation zwischen verletzlicher Offenheit und schützender Panzerung. Manchmal jedoch ist eine Stress-Situationen sehr tiefgreifend (»Papa zieht aus!«) oder wiederholt sich zu oft (»Ich muss jeden Morgen wieder in diesen Kindergarten, in dem ich mich so schrecklich allein fühle und der Tag nicht herumgehen will!«). Oder es fehlt eine Person, die dem Kind wirklich tiefe Geborgenheit und damit Entspannung ermöglicht, die berühmte Schulter zum Ausweinen. Dann wird dieses sensible Gleichgewicht zwischen Panzerung und Wachstum gestört. Das Gehirn eines solchen Kindes schaltet quasi dauerhaft auf »Panzerung«.

Ursachen für chronische Panzerung

Wir haben in Kapitel 2 festgestellt, dass die wichtigste Grundbedingung für das Gedeihen eines Kindes stabile, verlässliche und tiefe Bindungen sind. Das Fehlen solcher Bindungen oder die Trennung von den Bezugspersonen stehen daher auch an erster Stelle der Ursachen für eine chronische Panzerung. Ab wann sich ein Kind in sein Schneckenhaus zurückzieht, hängt dabei natürlich nicht nur von der »objektiven« Bedrohung durch eine Trennung ab, sondern auch von der Empfindsamkeit und Sensibilität des Kindes. Da unser Gehirn die Bindung an die erste Stelle setzt, sind auch Bedrohungen im Bindungszusammenhang die Hauptursache dafür, dass wir uns panzern: Es reicht schon, wenn ein Kind glaubt, es werde nicht geliebt, Papa sei sicher sehr enttäuscht von dem Zeugnis oder Mama werde bald sterben. Aber auch wenn ein Kind tatsächlich ständig darum ringen muss, in der Gruppe der Gleichaltrigen seine Stellung zu behaupten, oder durch Leistung und Wohlverhalten die Zuwendung der Eltern zu erkämpfen, ruft das Gehirn früher oder später den Notstand aus und fährt die Panzerungen hoch.

Panzerung hat drei Gesichter

Das Gehirn hat mehrere Möglichkeiten, ein Kind vor zu unerträglicher Trennung, Bedrohung, Ausgrenzung, Beschämung und Ähnlichem zu schützen.

1. Das Betäuben der Gefühle

Betäuben ist die mildeste Stufe der Panzerung: Das Kind nimmt zum Beispiel verletzende oder bedrohliche Situationen durchaus wahr und hat auch weiterhin den Wunsch, die Nähe zu seinen Bindungspersonen zu bewahren oder wieder herzustellen. Aber die damit verbundenen Gefühle von Angst, Trauer, Scham und so weiter spürt es nicht. Ist dieser Zustand vorübergehend, ist alles in Ordnung.

Oliver, der beste Freund von Matthias, verteilt in der Schule Einladungskärtchen für seine Geburtstagsparty. An Matthias geht er vorbei. Sie haben sich gestern gestritten, und Matthias wird nicht zum Geburtstag eingeladen. Matthias fühlt sich davon so verletzt und bedroht, dass sein Gehirn sofort die Panzerung einschaltet. Scheinbar übergeht er die Tatsache, dass er nicht eingeladen ist, und als ihn ein Klassenkamerad darauf anspricht, erwidert er trotzig: »Ist mir doch egal! Wird sowieso blöd.«. Matthias fühlt jetzt nur die Wut, das Sauer, nicht aber die verletzlichere Trauer. Erst in der Geborgenheit zu Hause wird das Gehirn von Matthias die Panzerung abschalten, und Matthias wird wieder die ganze Wucht seiner Verletzung spüren (siehe Seite 47). Wie gut, dass seine Mutter da ist und ihn trösten kann! Unter bitterem Schluchzen weint er die Anspannung der Panzerung heraus. Nach einer Weile löst er sich etwas verlegen aus den Armen der Mutter, schaukelt im Garten eine Runde und spielt dann friedlich mit seiner kleinen Schwester Lego. Abends, beim Gute-Nacht-Sagen, spricht die Mutter ihn noch einmal auf das Geschehene an, und Matthias schläft mit dem Vorsatz ein, sich mit seinem Freund vielleicht doch wieder zu vertragen.

Das war jetzt das Beispiel einer harmlosen, weil nicht chronischen, Betäubung der Gefühle. In der wenig geborgenen Schulumgebung wurden die Gefühle von Trauer, Verzweiflung und Empörung von Matthias' Gehirn gar nicht bis in sein Bewusstsein gelassen, so dass er gegenüber seinen Klassenkameraden Haltung bewahren konnte. Erst in der Geborgenheit der tiefen Bindung an seine Mutter wurden diese Gefühle dann nachträglich freigesetzt und konnten gefühlt werden. Wenn dieses nachträgliche Freisetzen oder »Auftauen« dauerhaft nicht geschehen kann, spürt ein Kind seine Gefühle über lange Zeiten hinweg nicht mehr. Dafür gibt es in unserer Umgangssprache ein sehr beliebtes Wort: Ein solches Kind ist cool.

2. Das Ausblenden verletzlicher Wahrnehmungen

Manche Erfahrungen erlebt ein Kind als so überwältigend, dass die dadurch ausgelösten Gefühle alle Panzerungen und Dämme hinwegfegen würden. In solchen Fällen greift das Gehirn zu einem stärkeren Bollwerk: Es panzert nicht (nur) die Gefühle, sondern bereits solche Wahrnehmungen, die zu verletzlichen Gefühlen führen würden. Mit verletzlichen Gefühlen meinen wir hier alle Gefühle, die wir nur im ungepanzerten Zustand fühlen können. Dazu gehören nicht nur die unangenehmen Gefühle wie Sorge, Angst, Einsamkeit, Zurückweisung, Scham, sondern natürlich auch die angenehmen wie Zärtlichkeit, Fürsorglichkeit, Neugierde, Begeisterung – ein cooles Kind ist weder neugierig noch begeisterungsfähig. Es ist in seinem Schneckenhaus weder durch Schreckliches noch durch Schönes zu beeindrucken. In beiden Fällen zuckt es nur die Achseln und fragt: »Na und? War das alles?«.

Zurück zur Ausblendung von Wahrnehmungen, die zu verletzlichen Gefühlen führen könnten: Die vierjährige Christina ist im Kindergarten nicht sonderlich beliebt. »Christina ist doof«, sagen die anderen Kinder. Schon mehrmals mussten die Erzieherinnen eingreifen, weil sie sahen, dass Christina recht unsanft mit dem Ellenbogen weggedrängt wurde. Sie haben die anderen Mädchen ermahnt, doch netter zu Christina zu sein, und verstehen nicht so recht, worum es bei diesen Auseinandersetzungen geht.

Doch die kleinen Mädchen im Kindergarten haben gar nicht so Unrecht. Christina ist tatsächlich ein bisschen »doof«, dieses plattdeutsche Wort ist nämlich die Bezeichnung für taub. Christina ist auf der Wahrnehmungsebene gepanzert. So kann sie Signale, die ihr unangenehme Gefühle bereiten würden, gar nicht erst wahrnehmen. Das sieht dann zum Beispiel so aus:

Eine Gruppe kleiner Mädchen steht beisammen, um die Rollen für ein Spiel zu verteilen. Christina steuert auf die Gruppe zu. Die Mädchen rücken etwas dichter zusammen und zeigen ihr buchstäblich die kalte Schulter. Wäre Christina in Kontakt mit ihren Wahrnehmungen, würde sie jetzt stehen bleiben oder die Richtung wechseln und wäre traurig. Aber sie nimmt diese zurückweisende Geste nicht wahr und geht weiter auf die Gruppe zu. »Ich will auch mitspielen«, verkündet sie, ohne die abweisende Körperhaltung und Mimik der anderen Kinder zu beachten. »Nein, du kannst hier nicht mitspielen, Christina«, sagt Margret, und Sonja setzt wenig rücksichtsvoll hinzu: »Ja, hau ab! «.

Spätestens jetzt müsste Christina begreifen, dass sie nicht erwünscht ist. Aber sie verhält sich so, wie wir es auch von manchen erwachsenen Zeitgenossen kennen, die wir dann ebenfalls als wenig angenehm empfinden: Als hätte sie überhaupt nicht gehört, was ihr da an deutlicher Zurückweisung mitgeteilt wurde, verkündet sie: »Ich will die Köchin sein!« Jetzt platzt Sonja, die selbst gerne die Köchin wäre, der Kragen, und sie schubst Christina mit einem entschlossenen Ellbogenstoß zur Seite. »Die Köchin bin ich, und du haust jetzt ab«, ruft sie. Nun wird die Erzieherin aufmerksam, nähert sich der Gruppe und fragt: »Warum lasst ihr Christina denn nicht mitspielen? Sie hat euch doch nichts getan!«

Nein, hat sie nicht. Aber Christina hat auf die Signale der Kinder auf mehreren, immer deutlicheren Stufen nicht reagiert, und die anderen Kinder fühlen sich völlig im Recht, Christina jetzt noch eindeutiger zurückzuweisen. Dabei ist mit Christinas Ohren alles in Ordnung. Bloß hat sie in ihrem jungen Leben bereits so tief greifende Zurückweisungen und Ausgrenzungen erlebt – ihre Mutter ist daheim sehr gefordert mit dem kränkelnden kleineren Bruder aus zweiter Ehe –, dass ihr Gehirn alle derartigen Signale ausblendet. Da sie zu Hause derzeit nicht die Zuwendung und Geborgenheit findet, um wenigstens im Nachhinein die Zurückweisungen und die Trauer über schmerzliche Erlebnisse im Kindergarten fühlen und darüber weinen zu können, ist dieser Zustand wie eingerastet.

3. Umkehr des Nähestrebens: Die Bindungsabwehr

Sabrina hat einen wunderbaren Tag mit ihrem Neffen Matthias verbracht. Die beiden hatten viel Spaß miteinander und sind sich nahegekommen. Matthias hat Sabrina seine Lieblingsplätze gezeigt und ihr viele kleine Geheimnisse anvertraut. Einmal hat er sich zärtlich an

*sie geschmiegt und sie »meine liiiebste Sabrina« genannt. Darüber
hat sie sich sehr gefreut. Doch jetzt muss sie los, und zwar dringend.
Matthias hat zunächst ein paar Mal gerufen: »Du sollst nicht weg-
fahren!«. Jetzt, wo sie im Mantel im Flur steht, ist er verschwunden.
»Wo steckt er denn?«, wundert seine Mutter sich. Sie holt ihn aus dem
Kinderzimmer, aber er folgt ihr nur widerwillig. Er schaut Sabrina gar
nicht richtig an, und als sie ihn herzlich umarmt, macht er sich ganz
steif. »Tschüss!«, murmelt er bloß und ist dann wieder weg.*

Ein solches Verhalten ist ein typisches Beispiel für die dritte Form der Panzerung, die sogenannte Bindungsumkehr oder *defensive Bindungsabwehr*. Die Trennung von seiner geliebten Tante
kam für Matthias etwas zu plötzlich und unvorbereitet, und sein
Gehirn schützt ihn durch eine Art Notabschaltung: Er spürt seine
tiefe Zuneigung zu ihr im Moment gar nicht mehr, und statt ihre
Nähe zu suchen, meidet er sie. So schützt er sich vor dem Tren-
nungsschmerz, der ihm überwältigend erscheint. Zu dieser Art der
Panzerung neigen besonders Kinder, die auf der Wahrnehmungsebene hochsensibel sind und deren Gehirn nicht besonders gut
darin ist, bestimmte Wahrnehmungen auszufiltern.

Wir alle kennen das, wenn wir uns zum Beispiel auf ein
Wiedersehen sehr freuen und die geliebte Person sich zu sehr
verspätet – wie lange dieses »zu sehr« ist, ist dabei sehr subjektiv. Wenn die Zeit zu lang ist, die wir warten mussten, und unsere Enttäuschung übermächtig zu werden droht, brechen unsere
zärtlichen Gefühle der Vorfreude irgendwann in sich zusammen.
Wenn das geliebte Wesen dann endlich auftaucht, fühlen wir uns
manchmal wie versteinert und können uns gar nicht mehr freuen.
Wir brauchen erst eine Weile, bis wir wieder auftauen.

Achtung: Dies ist das Phänomen der Bindungsabwehr oder
Bindungsumkehr, wo wir mit dem anderen im Augenblick nichts
mehr zu tun haben wollen. Wenn wir ihm in die Arme fallen, ihn
aber dann mit Vorwürfen überschütten, ist dies ein anderer Effekt,
auf den wir in Kapitel 5 beim Thema Frustration zu sprechen kommen (siehe Seite 71ff.).

Am Beispiel von Matthias habe gerade ich die vorübergehende Panzerung durch defensive Bindungsabwehr beschrieben. Schon am nächsten Tag telefoniert er fröhlich mit seiner Tante und freut sich auf das nächste Wiedersehen. Doch wenn sich unerträglich erscheinende Trennungen zu sehr häufen und das Gehirn nach sehr tiefgreifenden Trennungserfahrungen in einem Dauerzustand der defensiven Bindungsabwehr erstarrt, wird dies zu einem sehr ernsten Problem. Denn dann kann sich diese Bindungsabwehr gegen die Hauptbezugsperson richten, gegen die Menschen, die dem Kind „nah" sind oder schlimmstenfalls gegen alle Leute. Ein solches Kind wirkt auf seine Umgebung »kalt«, »bösartig«, »aggressiv«, »schwer erziehbar« und so weiter. Denn die entscheidende Grundlage menschlichen Zusammenlebens, das alles überragende Bindungsstreben, ist bei diesen Kindern umgeklappt in das Gegenteil.

Wir haben ja in Kapitel 2 erwähnt, dass Bindung polar ist, sie hat auch ihre Schattenseite. In Abbildung 1 (Seite 28) wird diese Polarität und die Aspekte des polaren Verhaltens deutlich gemacht. Ein Kind in chronischer defensiver Bindungsabwehr will gar nicht mehr »lieb« sein, es will nicht mehr dazugehören. Im Gegenteil, es hat den Impuls, es »allen zu zeigen«, es will alle befremden und abstoßen.

Doch dieser Impuls ist eben nicht der freie Wille des Kindes, sondern ein mächtiger Schutzinstinkt, der ohne sein bewusstes Zutun in seinem Gehirn aktiviert wurde, um das Kind vor unerträglichen Verletzungen zu schützen. Diese dauerhafte Bindungsumkehr kann sich auf einzelne Menschen beziehen, von denen ein Kind sich sehr verletzt fühlt.

Nachdem Matthias' Eltern sich getrennt hatten und der Vater ausgezogen war, weigerte Matthias sich monatelang, ihn zu sehen und mit ihm zu reden. Sein Gehirn hatte angesichts der Bedrohung durch das Gefühl »mein Vater hat mich verlassen« zum letzten Panzerungsmittel, der defensiven Bindungsabwehr, gegriffen. Doch Gott sei Dank ließ sich Matthias Vater von dem plötzlich so abweisenden Verhalten seines Sohnes nicht täuschen, sondern blieb liebevoll und bemühte sich in vielen Stunden gemeinsamer Unternehmungen und einem lan-

gen gemeinsamen Urlaub mit ihm und seiner kleinen Schwester, Matthias sehr deutlich zu vermitteln: Ich bin immer noch dein Vater, nichts kann uns trennen, und du kannst dich immer auf mich verlassen.

Durch dieses kontinuierliche Bindungsangebot hat Matthias' Vater seinem Sohn ermöglicht, weiter von ihm abhängig zu sein. Um Abhängigkeit und ihre Bedeutung geht es im nächsten Kapitel.

Zusammenfassung

Das Gehirn schützt unser Kind automatisch vor unerträglichen Gefühlen der Verletzung, indem es Abwehrmaßnahmen ergreift. Dafür hat es drei Möglichkeiten: Betäuben der Gefühle, Ausblenden von unangenehmen Wahrnehmungen und die Abwehr von Bindung. Situationsbezogene, vorübergehende Panzerung ist lebensnotwendig, chronische Panzerung dagegen ein ernstes Hindernis für die Entwicklung des Kindes. In der heutigen Jugendkultur gilt chronische Panzerung als erstrebenswert, cool.

Häufigstes Vorurteil: Je cooler, desto besser.

Wichtigste Regel: Ein Kind braucht seine weichen, verletzlichen Gefühle, um reif werden zu können.

Kapitel 4:
Das Konzept der Abhängigkeit

»Die Menschen haben diese Wahrheit vergessen«, sagte der Fuchs.
»Aber du darfst sie nicht vergessen. Du bist zeitlebens für das ver-
antwortlich, was du dir vertraut gemacht hast. Du bist für deine Rose
verantwortlich ... « – »Ich bin für meine Rose verantwortlich ...«, wie-
derholte der kleine Prinz, um es sich zu merken.

Antoine de Saint-Exupéry, Der kleine Prinz

Abhängigkeit – ein missverstandener Faktor

Bei Abhängigkeit denken Sie vielleicht an drogenabhängig oder Abhängigkeitsverhältnis – Abhängigkeit als das Gegenteil von Unabhängigkeit ist heute ein Begriff, der einen sehr schlechten Beigeschmack hat. In ihm schwingt immer auch die Furcht vor der Ausnutzung von Abhängigkeit mit. Doch aus entwicklungspsychologischer Sicht und nach den Erkenntnissen der Bindungsforschung gehört Abhängigkeit zu den entscheidenden Vorbedingungen für Unabhängigkeit. So gesehen ist das Sprichwort: »Wenn Kinder klein sind, gib ihnen Wurzeln, wenn sie älter werden, gib ihnen Flügel« nicht ganz richtig. Kleine Kinder brauchen Wurzeln, das stimmt. Aber großen Kindern müssen wir keine Flügel geben. Die wachsen ihnen nämlich ganz von allein, wenn die Wurzeln tief genug reichen.

Damit sich diese Wurzeln tief genug verankern können, brauchen Kinder die Gelegenheit, in Geborgenheit und aller Ruhe abhängig zu sein. Die Weisheit der Natur hat es glücklicherweise so eingerichtet, dass ein kindliches Gehirn nach dem Schlüssel-Schloss-Prinzip jemanden sucht, dem es sich anvertrauen und von dem es abhängig sein kann. Ist diese Beziehung eingerastet, ergibt sich daraus ein ganzes Bündel von Eigenschaften, die alle nicht für sich stehen, sondern sich wie der Schlüssel zum Schloss nur auf diesen Menschen, von dem das Kind sich in Geborgenheit abhängig fühlt, beziehen.

Diese Eigenschaften sind sehr interessant, denn ein Kind in guter Bindung ist für den Menschen, an den es gebunden ist »lieb«: Es sucht unsere Nähe, fragt uns um Rat, bittet uns um Hilfe, hört gut zu, schaut zu uns auf, folgt uns, mag uns, möchte uns erfreuen, ist gern mit uns zusammen und möchte kein Geheimnis vor uns haben. Es ist geradezu ein Musterkind. Doch diese wunderbaren Eigenschaften entwickelt das Kind nicht einfach so und gegenüber jedem. So benimmt das Kind sich nur gegenüber einer Person, an die es im abhängigen Modus gebunden ist, und nur dann, wenn diese Bindung gerade aktiv ist. Erst diese Abhängigkeit ermöglicht es Erwachsenen, die Verantwortung für das ihnen anvertraute Kind wirklich auszuüben. Allen anderen gegenüber verhält sich das Kind im wahrsten Sinne des Wortes reserviert.

Wozu das Fremdeln da ist oder Der »Böse-Onkel-Schutz«

Die dreijährige Lisa fährt zum ersten Mal mit der Eisenbahn, und sie hat auch einen ganz eigenen Kinderfahrschein erhalten. Nun kommt der Schaffner herein, beugt sich zu ihr hinab und fragt freundlich: »Na, junge Dame, darf ich mal Ihren Fahrschein sehen?« Lisa hält ihren Fahrschein fest umklammert, blickt zu Boden und schüttelt den Kopf. Ihre Mutter wechselt ein Lächeln mit dem Schaffner und sagt: »Lisa, das ist der Schaffner, dem musst du jetzt deinen Fahrschein vorzeigen, und er macht dann einen Stempel drauf!«. Lisa lehnt sich dicht an ihre Mama und hält dem fremden Mann sehr reserviert die Hand mit dem zerknautschen kleinen Zettel entgegen. Sie folgt offensichtlich der Aufforderung ihrer Mutter, nicht der des Schaffners.

Auf diese Weise ist von der Natur sichergestellt, dass wir denen folgen und von denen lernen, wo die Wahrscheinlichkeit am höchsten ist, dass es uns nützt: Im natürlichen Zusammenhang binden sich Kinder »abhängig« an die Personen, die für sie sorgen, sie ernähren, behüten, beschützen und ihnen Geborgenheit und Zärtlichkeit geben. Gegenüber diesen Personen entwickeln sie die auf Seite 29f. (Abb. 2 u. 3) genannten Eigenschaften, und hier liegt auch das Geheimnis des Fremdel-Effektes:

Wenn ein Kind sich abhängig gebunden hat, ist sein Gehirn nur dann offen für eine neue Bindung, wenn diese neue Bindung im Einklang mit der bereits vorhandenen Bindung steht. Wenn sich also ein kleines Kind bei der Begrüßung weigert, uns in die Augen zu sehen und sich stattdessen intensiv an seine Mutter klammert, dann schützt es die bestehende Bindung an seine Mutter. Die meisten von uns werden schon beobachtet haben, dass wir mit einer Mutter (oder einem Vater, Opa etc.) nur eine Weile in freundlicher Weise beisammen sein müssen (siehe Kapitel 2, Bindungstanz: Augenkontakt, Lächeln, Nicken), damit sich das Kind ganz von allein allmählich für uns öffnet. Es beobachtet, dass die Mutter bereit zur Bindung mit uns ist. Damit ist für das kindliche Gehirn das Signal gegeben, das es braucht, um ebenfalls zur Bindung bereit zu werden. Das Fremdeln ist also ein absolut genialer Schutz dagegen, dass sich Kinder einfach Fremden anvertrauen, ohne dass dies von ihren Hauptbezugspersonen abgesegnet ist.

In unserer von anonymen Rollen statt persönlichen Beziehungen geprägten Gesellschaft verstehen wir das oft nicht. Wenn die kleine Lisa bei der Einkaufstour ihrer Mutter erst Kontakt mit einer Verkäuferin aufnehmen soll, dann mit der Betreuungskraft in der Kinderaufbewahrungsabteilung des Möbelhauses, dann mit dem netten Herrn in der S-Bahn und danach mit den drei netten Damen in der anderen S-Bahn, dann beim Kinderturnen mit der Trainerin, dann sind das alles Personen, die ihre Mutter selbst gar nicht oder kaum kennt, und in all diesen Interaktionen bleibt keine Zeit für allmähliches Anwärmen. Wenn Lisa darum den Kontakt verweigert und sich an ihre Mutter klammert, entschuldigt sich die Mutter vielleicht sogar noch für die Schüchternheit ihres Kindes und weist Lisa zurecht: »*Jetzt gib doch der Dame die Hand!*« Dabei ist dieser Mechanismus entscheidend und sinnvollerweise tief im Bindungsinstinkt des Kindes verankert.

Heute werden Kinder häufig über längere Zeit ohne Begleitung ihrer Bindungspersonen anderen Menschen anvertraut, und das bereits in einem Alter, in dem ihre Bindungswurzeln noch gar nicht tief genug sind, um so lange Abwesenheiten ohne Schaden zu überstehen. Für ein einjähriges Kind sind sechs oder acht Stunden ein unüberblickbarer Zeitraum. Es bindet sich noch sehr stark über Körperkontakt, allenfalls über Gleichheit, so dass es, wenn die Mutter lange verschwunden bleibt, in eine regelrechte Bindungslücke fällt. In dieser Bindungslücke fehlt im Bindungsgehirn des Kindes plötzlich der Anker, um den sich alles dreht und der seiner Welt Stabilität gibt. Zunächst hält das Kind noch verzweifelt an seiner Bindung fest, schreit und weint und will unbedingt zur Mutter. Wenn es sich dann in sein Schicksal ergeben hat, sucht das Bindungsgehirn nach Ersatz. Dieser Ersatz ist im günstigsten Fall die Erzieherin, die dem Kind in ähnlicher, wenn auch nicht so intensiver Weise, verantwortliche Geborgenheit vermitteln kann wie seine Eltern.

Doch wenn sich die Erzieherin der Bedeutung dieser Aufgabe nicht bewusst ist, oder wenn einfach zu viele Kinder buchstäblich nach ihrer Anwesenheit schreien, wendet sich das Kind unter Umständen den anderen kleinen Kindern, einem Teddybären oder seinem Daumen zu. All diese Ersatzobjekte ermöglichen keine geborgene, abhängige Bindung. Das Gehirn des Kindes beruhigt sich zwar etwas, weil immerhin eine Ersatzbindung hergestellt wurde. Aber es kann nicht vollständige Entwarnung geben, sondern verbleibt in der Schneckenhaus-Einstellung. Krippenkinder unter zwei Jahren haben nachweislich in den ersten Monaten einen extrem hohen Cortisolwert im Speichel, der starken Stress anzeigt[*]. Später bleibt der Cortisolspiegel dauerhaft niedrig wie bei erwachsenen Burnout-Patienten.

---

[*] Wiener Kinderkrippenstudie http://www.univie.ac.at/wiki-projekt/

Die Alphaposition

Zu Anfang des Kapitels habe ich die abhängige Bindung an einen beschützenden verantwortlichen Erwachsenen mit einem Schlüssel im Schloss verglichen. Die Alphaposition ist dieses Schloss. Wir haben gesehen: Wenn das Kind sich abhängig an uns bindet, zeigt es uns gegenüber lauter »liebe« Eigenschaften, die es uns leicht machen, für dieses Kind zu sorgen. Umgekehrt entwickeln auch wir, wenn wir uns für ein Kind verantwortlich fühlen, ganz bestimmte Gefühle und Verhaltensweisen. Die Entwicklungspsychologie spricht davon, dass wir uns in der Alpha-Position befinden. In der Alltagssprache sagen wir einfach: Unser Beschützerinstinkt ist geweckt, wir wollen das Kind behüten, es nähren, wir wollen ihm die Welt zeigen und sind gerne mit ihm zusammen. Es macht uns nichts aus, einem Kind, an das wir eine starke Bindung haben, die Windeln zu wechseln, während wir bei einem uns unbekannten Kind angesichts sehr ähnlicher Gerüche ganz anders reagieren. Diese sogenannte Alpha-Position hat also nichts damit zu tun, dass wir beständig herumkommandieren oder das Kind uns die Pantoffeln bringen muss.

Besonders deutlich wird das Wechselspiel von abhängiger Bindung und Alpha-Position, wenn ein fürsorglicher Erwachsener ein Kind tröstet. Dieser Vorgang ist ja etwas sehr Sanftes. Wenn ich für mein Kind die Alpha-Position übernehme, stelle ich dem Kind meine Kraft, meine Stärke, meinen Trost zur Verfügung, ich gebe ihm Halt und Orientierung und vermittle ihm Geborgenheit. Dazu gehört vor allem, dass ich die Verantwortung für unsere Beziehung übernehme. Meine eigenen Probleme, Unsicherheiten und Gefühlsstürme mute ich dem Kind möglichst nicht zu. Zu diesem Zweck vertraue ich mich meinerseits anderen Menschen an, die – zumindest in diesem Moment – für mich die Alpha-Position einnehmen. Das kann ein Partner sein, eine gute Freundin, eine Verwandte.

Ein extremes Beispiel für die Aufrechterhaltung der Alpha-Position trotz vieler eigener Probleme und Ängste wird in dem Film *Das Leben ist schön* von Roberto Benigni deutlich. Der in diesem Film dargestellte Vater ist mit seinem Kind zusammen in einem Konzentrationslager interniert, vermittelt ihm aber trotz seiner eigenen Hilflosigkeit beständig Zuversicht und Geborgenheit und ermöglicht dem Kind auf diese Weise, an den entsetzlichen Umständen nicht zu zerbrechen.

Von den Wurzeln zu den Flügeln

Aber wie gelangt ein Kind denn zur Unabhängigkeit? Denn natürlich wollen wir ja, dass unser Kind »so früh wie möglich« unabhängig und selbstständig wird, seine eigenen Wege geht, seine eigenen Gedanken denkt und uns nicht bis in alle Ewigkeit am Schürzenzipfel hängt. Dieser Wunsch ist berechtigt und notwendig.

Versuchen wir stattdessen zu erreichen, dass ein Kind immer weiter von uns abhängig bleibt, schaden wir ihm und missbrauchen unsere Alpha-Position. Wir behindern seine Entwicklung, nur um uns selbst stark und mächtig fühlen zu können und die Kontrolle über das Leben unseres Kindes zu behalten.

Angebot größer als Nachfrage

Doch davon abgesehen, dass wir unser Kind nicht gewaltsam »klein« halten sollten, wenn es in echte Eigenständigkeit drängt, können wir sinnvollerweise nur Eines tun, um die Unabhängigkeit unseres Kindes zu fördern: ihm mehr Geborgenheit und Nähe anbieten, als es braucht. Das Kind reift nämlich gerade dann – und nur dann – zur Unabhängigkeit, während es in Ruhe abhängig sein darf, weil ein sattes Über-angebot an Nähe zur Verfügung steht. Wenn das Kind in diesem Gefühl von Angebot größer als Nachfrage lebt, entspannt es sich und spürt aus der Sättigung heraus den Impuls, sich in die große weite Welt zu wagen, in dem Wissen, dass der schützende Heimathafen immer zur Verfügung steht, sollte es bei seinen Unternehmungen Schiffbruch erleiden.

Das ist im Übrigen auch genau der Moment, in dem das Einjährige sich energisch losstrampelt: »*Runter! Alleine! Selber!*«. Es ist der Augenblick, in dem das Zweijährige seiner Mutter in überlegenem Tonfall sagt: »*Aber Mama, ich brauch doch jetzt keine Windel mehr!*«, oder der bis dahin so schüchterne Sechzehnjährige plötzlich natürlich selber bei der Behörde anrufen will. In diesen Momenten sind wir in der Rolle, unser Kind ziehen zu lassen, und dürfen getrost auf unsere gute Bindung vertrauen.

Wenn das Kind hingegen um Zuwendung und Nähe betteln und kämpfen muss und wir sie gnädig als Belohnung für Wohlverhalten in kleinen Portionen gewähren, schmeichelt das vielleicht unserem Bedürfnis, gebraucht und geliebt zu werden. Aber dann wird das Kind so mit dem Kampf um die knappe Ressource Nähe beschäftigt sein, dass der Wunsch nach echter Eigenständigkeit gar keinen Raum hat.

Stellen Sie sich einmal vor, Sie wären schwanger, und jemand würde Ihnen empfehlen: »*Nun, bald muss das Kind ja sowieso alleine atmen und sich selbstständig ernähren. Je eher es anfängt, dies zu üben, umso besser. Ich empfehle Ihnen, jeden Tag für einige Zeit die Nabelschnurverbindung abzuklemmen, damit das Kind Unabhängigkeit trainieren kann.*«

Das ist natürlich lächerlich. Jeder weiß, dass der Embryo die vollkommene Abhängigkeit und Geborgenheit im Mutterleib braucht, um heranwachsen zu können, bis er irgendwann ganz von selbst an den Punkt der Reife gelangt ist, wo es ihn aus dem Mutterleib herausdrängt. Die Geburtsforschung beschäftigt sich seit längerem mit dem Wechselspiel der Hormone und Botenstoffe, mit denen das Ungeborene seine Geburt quasi selbst einleitet. Wir alle wissen, wie wichtig es ist, diesen Zeitpunkt geduldig abzuwarten und dass es nur sehr wenige extreme Notsituationen und Ausnahmen gibt, bei denen wir das Kind der Geborgenheit des Mutterleibes vorzeitig entreißen müssen, um noch Schlimmeres zu verhüten.

Doch merkwürdigerweise ist uns dieses Vertrauen in die Kraft der natürlichen Entwicklung bei unseren geborenen Kindern verloren gegangen – oder wurde es uns ausgeredet? Nach der Geburt ist das Kind in der Lage, allein zu atmen und sich über seinen Mund zu ernähren anstatt über die Nabelschnur. In allen anderen Belangen ist es weiterhin extrem abhängig von uns. Wenn wir ihm diese Abhängigkeit ermöglichen, entwickelt es sich ganz von selbst zu dem Punkt hin, an dem es dazu bereit ist, die Geborgenheit auch des »seelischen« Mutterschoßes zu verlassen: Jetzt will es freudig und im Wortsinne neu-gierig wie »Hänschen klein, ging allein« in die weite Welt hinaus ziehen. Wollen wir diesen Zeitpunkt, anstatt ihn geduldig abzuwarten, vorverlegen, indem wir das Kind frühzeitig trainieren, »unabhängig« zu sein, verhalten wir uns im Grunde auf der seelischen Ebene genauso unsinnig, wie der Vorschlag des merkwürdigen Ratgebers es uns für das Ungeborene nahelegen wollte. Die Gefahr, die hieraus erwächst, liegt darin, dass sich das Kind einer vermeintlich leichter zugänglichen und üppigeren Quelle für Nähe zuwendet: der coolen Welt der Gleichaltrigen.

Allerdings fällt es uns oft schwer, das zu erkennen. Ich habe vorhin die Bindungslücke erwähnt, in die ein Kind fällt, wenn es ohne die Geborgenheit einer Alpha-Bezugsperson klarkommen muss. Wenn es diesem Kind dann gelingt, sich an die anderen Kinder zu binden, seinen Protest gegen den Kindergarten aufgibt oder sich im Gegenteil am Wochenende schon wieder auf den Montag freut, dann glauben wir oft, ein solches Kind sei nun endlich unabhängig geworden. In Wirklichkeit ist es nur unabhängiger von uns – und dafür umso abhängiger von den neuen Bindungen, die ihm jedoch in den allermeisten Fällen nicht dieselbe Geborgenheit bieten können wie wir. Dieser Umstand hat heute zu einem Massenphänomen geführt:

Gleichaltrigen-Orientierung

Die meisten Kinder genießen in vielen Situationen die Gesellschaft anderer Kinder, um mit ihnen zu spielen, um von Älteren zu lernen oder Jüngeren selbst etwas beizubringen. Doch bei dem, was Gordon Neufeld als Gleichaltrigen-Orientierung bezeichnet, geschieht etwas anderes: Die anderen Kinder sind nicht nur Spielkameraden, sondern ersetzen in ihrer Bedeutung für das Kind die erwachsene Bezugsperson. Sie werden zur wichtigsten Instanz im Leben des Kindes; sein ganzes Wohl und Wehe hängt jetzt von ihnen ab. Dieser Verantwortung sind Kinder natürlich in keinster Weise gewachsen (selbst manche Erwachsene versagen in dieser Rolle), und eine solche Verantwortung ist auch gar nicht die Aufgabe von Kindern. Ein Kind, das emotionalen Halt und Geborgenheit bei seinen Gleichaltrigen sucht, wird so viele Verletzungen erleben, dass sein Gehirn schon sehr bald eine Panzerung gegen Verletzlichkeit hochfahren muss. Weiche Gefühle kann sich ein solches Kind einfach nicht mehr leisten. Ein gleichaltrigen-orientiertes Kind wirkt daher zwar auf den ersten Blick unabhängig und selbstständig – und sehr cool. Doch wir können leicht herausfinden, ob es sich um echte, emergente Unabhängigkeit handelt, bei der das Kind in seiner eigenen Kraft voranschreitet, oder nur um eine verlagerte Abhängigkeit: Ein wirklich unabhängiges Kind ist allen gegenüber unabhängig und beharrt auch bei Gleichaltrigen auf seinen eigenen Ansichten und Vorlieben. Wenn Ihr Kind jedoch Ihnen gegenüber distanziert, streitlustig, abwehrend und ständig anderer Meinung ist, sich seinen gleichaltrigen Freuden jedoch lammfromm, zutraulich und schier endlos anpassungsbereit präsentiert, dann hat die Abhängigkeit sich nur verlagert.

Gleichaltrigenorientierung und Schule

Dieser noch wenig bekannte Umstand wirkt sich vor allem in der Schule auf ungeahnte Weise aus. Wenn ein Kind von seinen Hauptbezugspersonen in einem Ausmaß getrennt wird, die es als unerträglich empfindet, fällt es wie gesagt in eine Bindungslücke. Es kann währenddessen an der Bindung zu den Eltern innerlich nicht mehr festhalten, die Bindung kann sich nicht weiter vertiefen. Immer mehr Kinder sind daher nur mit oberflächlichen Bindungs-Wurzeln an ihre Eltern gebunden. Sie schaffen es nicht, während der Schulstunden innerlich mit ihren Hauptbezugs-personen verbunden zu bleiben. Wenn sie sich nun während der Schulzeit nicht stark an einen Lehrer binden können, der ihnen Geborgenheit vermittelt, bleiben ihm nur die Gleichaltrigen. Da das Kind nun die stärkste Bindung zu seinen Gleichaltrigen empfindet, ist sein Gehirn für das, was der Lehrer zu sagen hat, nicht mehr aufnahmebereit. Wir haben ja gesehen, dass ein Kind nach dem Schlüssel-Schloss-Prinzip nur von demjenigen lernen möchte (und kann), demjenigen folgt, sich an demjenigen orientiert, an den es gebunden ist. Die Aufmerksamkeit und Lernbereitschaft eines solches Kind ist folglich in den Pausen aktiviert, nicht während des Unterrichts. Und sein Interesse gilt ausschließlich den Themen, die für seine neuen Hauptbezugspersonen interessant sind. Alle anderen Inhalte, also sämtlicher Lehrstoff, können nur dann seine Aufmerksamkeit erlangen, wenn dies von den Gleichaltrigen abgesegnet wurde.

Dies ist in der Schule aber meistens nicht der Fall. Im Gegenteil, es gilt unter Schulkindern oft als uncool, sich für den Lehrstoff zu interessieren oder eine Bindung zum Lehrer aufzubauen. Das bedeutet jedoch, dass sein Gehirn es einem gleichaltrigen-orientierten Kind geradezu verbietet, etwas vom Lehrer zu lernen. Genau dies ist der Grund dafür, dass heute so viele Lehrer gegen eine nahezu undurchdringliche Wand aus Desinteresse, Gleichgültigkeit bis hin zu offener Feindseligkeit anzukämpfen haben. Ob es so ist, hängt nicht von ihren Eigenschaften, ihrem Aussehen, ihren Fähigkeiten und ihren Kenntnissen als Lehrer ab, sondern einzig und allein von der Tatsache, ob es ihnen gelungen ist, im Leben der Kinder eine Rolle als Alpha-Bindungsperson einzunehmen. Lehrern, denen das gelingt, erleben Freude in ihrem Unterricht, weil die Kinder ihnen zuhören. Die anderen verzweifeln oft.

Zusammenfassung

Nur ein Kind, das in Ruhe und Geborgenheit abhängig sein darf, kann sich zu echter Unabhängigkeit entwickeln. Der Versuch, diesen Prozess künstlich abzukürzen, führt oft zu scheinbarer Unabhängigkeit, die jedoch nur eine Abhängigkeit von anderen bedeutet, zum Beispiel von Gleichaltrigen.

Darum besteht unsere Aufgabe nicht darin, ein Kind so früh wie möglich in die Unabhängigkeit zu drängen und zu versuchen, seine Unabhängigkeit zu trainieren, indem wir ihm unsere Unterstützung verweigern. Unsere Aufgabe ist es vielmehr, ihm Abhängigsein-Dürfen und Geborgenheit so üppig und umfassend zur Verfügung zu stellen, dass es sich daran sättigen und wie die kleine Schnecke vertrauensvoll voranschreiten und sich entwickeln kann.

Häufigstes Vorurteil: »Wenn du das jetzt für ihn tust, wird er nie selbstständig!«

Wichtigste Regel: Unser Bindungs-Angebot sollte größer sein als die Nachfrage des Kindes.

Kapitel 5:
Die drei Reaktionen auf Trennung

Oma hat es eilig, doch die kleine Lisa probiert vergnügt und mit emergentem Forschergeist jedes Gartentor aus – und die beiden kommen an vielen vorbei! Omas wiederholtes: »Komm jetzt, Lisa!«, hilft da nicht weiter. Mit einem Blick auf die Uhr beschließt Oma schließlich, zu einer Beschleunigungsmaßnahme zu greifen, die sie auf Bitten ihrer Tochter eigentlich zu vermeiden versucht: die Androhung von Trennung. »Tschüss Lisa, Oma geht jetzt! Du kannst ja nachkommen!«, ruft sie und biegt um die nächste Ecke. Sofort ist Schluss mit der Emergenz, die Gartentore sind nicht mehr interessant. »Oma! Oma!« – Entsetzt eilt Lisa auf wackeligen Beinchen ihrer Großmutter hinterher. Oma und Lisa erwischen den Bus, aber abends schläft Lisa schwerer ein als sonst und klammert sich jedes Mal ängstlich fest, wenn ihre Mutter den Raum verlassen will.

Nur eine kleine Verunsicherung, und Oma ist nicht Mama. Aber wenn wir unser Kind zum Gehorsam veranlassen, indem wir ihm mit Trennung drohen, zehren wir von der wichtigsten Kraftquelle, die dem Kind zur Verfügung steht. Wie schon mehrmals betont, ist die Nähe zur Bezugsperson für ein Kind das wichtigste Bedürfnis überhaupt, noch vor Nahrung und Sicherheit, und vor Interesse an Neuem sowieso. Die Konfrontation mit Trennung – ob real, eingebildet oder befürchtet – ist daher die größte Bedrohung für sein Wohlbefinden, und das ist bei uns allen so. Im Laufe der Evolution haben sich drei Grundreaktionen angesichts der Konfrontation mit Trennung herausgebildet, die wir mit allen Säugetieren gemeinsam haben:

- Emotionen des Alarms (Lisa ist entsetzt, und sie kann abends schwerer einschlafen.)
- Vermehrtes Nähestreben (Sie eilt Oma hinter her.)
- Frustration (Dazu kommen wir noch.)

Natürlich treten diese drei Grundreaktionen oft in einer komplexen und unübersichtlichen Mischung und Gleichzeitigkeit auf. Sie verändern auch teilweise ihren Charakter, wenn zu viele Trennungserfahrungen bereits zur Panzerung geführt haben. Zum besseren Verständnis beschreibe ich hier beispielhaft einen Ablauf, bei dem jede Reaktion einzeln zu beobachten ist und den manche von uns vielleicht schon einmal so oder in ähnlicher Weise erlebt haben:

Reaktion 1: Das Alarmsystem

Silke erledigt mit ihrer kleinen Tochter Lisa Besorgungen in einem Einkaufszentrum. Plötzlich verlieren sich die beiden im Gedränge aus den Augen. Was bei Mutter und Tochter jetzt ausgelöst wird, sind drei Empfindungen: Alarm, Nähestreben und Frustration. Zunächst überwiegt der Alarm: Beide sind aufgeregt, ihr Herz klopft, mit schreckgeweiteten Augen rufen und suchen sie nacheinander.

Es leuchtet ein, dass ein funktionierendes Alarmsystem unerlässlich für das Überleben ist. Schon im fünften Monat ist das Alarmsystem des Fötus im Mutterleib voll entwickelt und aktiv. Wenn ein Kind alarmiert ist, filtert das Gehirn aus der Überzahl der hereinflutenden Reize gezielt die Informationen heraus, die mit Alarm und Sicherheit zu tun haben könnten. Wir alle kennen das – wenn wir durch den Wald laufen und uns einmal erschreckt haben, weil plötzlich ein Wildschwein unseren Weg kreuzte, hören wir es plötzlich überall verdächtig knacken. Unser Interesse an den schönen Blumen oder unserem Butterbrot ist erloschen, alle unsere Sinne sind in Hab-Acht-Stellung. Das nennt Gordon Neufeld Alarm.

Da für unsere Kinder die Nähe und Geborgenheit bei ihren Hauptbezugspersonen entscheidend wichtig ist, löst jede reale, eingebildete oder befürchtete Bedrohung dieser Nähe Großalarm aus. Was das Kind als Bedrohung der Nähe empfindet, hängt von der Tiefe seiner Bindungswurzeln ab (siehe Kapitel 2). Bindungsalarm kann ausgelöst werden, wenn das Kind mit physischer Trennung konfrontiert ist (Bindung über körperliche Nähe), mit

69

Anderssein (Bindung über Gleichheit), mit Ausgeschlossen-Werden (Bindung über Zugehörigkeit), mit Missbilligung (Bindung über Wertschätzung), mit Liebesentzug (Bindung über emotionale Zuneigung) oder fehlendem Verständnis (Bindung über seelische Vertrautheit).

Ein Kind wird auf diesen Alarm reagieren und alles tun, um wieder Nähe herzustellen. Deswegen funktioniert der Trick ja so bestechend gut – Lisa lässt die Gartentore in Ruhe und eilt hinter ihrer Oma her. Aber wenn das Gehirn zu häufig Alarm schlagen muss, stuft es die Bindung, die so oft bedroht erscheint, als zu verletzend ein und reagiert mit Verteidigungsmaßnahmen – also mit Panzerung in der einen oder anderen Form (siehe Kapitel 3).

Reaktion 2: Der Instinkt des Nähestrebens

Nach einer Weile hat die Not ein Ende: Die Mutter ist zu guter Letzt den ganzen Weg zurückgegangen und sieht Lisa in einiger Entfernung mitten in der großen Eingangshalle, wo sie laut und verängstigt immer wieder: »Mama? Wo bist du?« schreit. Sowie Lisa ihre Mutter und Silke ihre Tochter entdeckt hat, verliert der Alarm an Bedeutung, und das Nähestreben ist jetzt die wichtigste Emotion: Mit weit ausgebreiteten Armen stürmen die beiden aufeinander zu.

Nähestreben ist ein von Gordon Neufeld neu geprägtes Wort für den stärksten Instinkt aller Säugetiere. Dieser Instinkt ist so stark und allumfassend, dass er, wie schon in Kapitel 2 ausgeführt, erst sehr spät beschrieben wurde. Das Nähestreben liegt all unserem Tun zugrunde, ob uns dies bewusst ist oder nicht. Unser Nähestreben kommt nur für kurze Zeit zur Ruhe, nämlich dann, wenn wir in unseren Bindungsbedürfnissen gesättigt sind. Nur ein bindungssattes Kind ist in der Lage, frei und selbstvergessen zu spielen, bevor es sich nach einer Weile wieder eine Portion Nähe abholen muss. Ein Kind, das in seinem Nähestreben nicht immer wieder Erfüllung findet, ist in seiner Entwicklung nicht frei. Es mag gut lernen, fleißig arbeiten, nett sein, musizieren – doch all dies tut es, wenn es innerlich bindungshungrig ist, nicht aus eigenem emergenten Antrieb, sondern um auf diesem Wege mehr Anerkennung, mehr Nähe, mehr Bindung, mehr Liebe zu erhalten.

In diesem Buch geht es um Kinder. Dennoch wird Ihnen vermutlich einleuchten, dass es bei uns Erwachsenen nicht viel anders ist. Nur jemand, der innerlich in Bezug auf Bindungen gesättigt und zufrieden ist, kann wirklich seinem inneren Leitstern folgen. Der Unterschied liegt nur darin, dass reife Erwachsene an ihren tiefen Bindungen auch bei längeren äußeren Trennungen festhalten können. Aber auch viele Erwachsene sind chronisch bindungshungrig und tun letztlich alles für Bindung. Dies ist der Grund dafür, warum so viele Entscheidungen nicht sachorientiert gefällt werden, sondern im Einklang mit den Bindungsbedürfnissen der Entscheidungsträger.

Reaktion 3: Das Prinzip Frustration

Endlich schließt Silke ihre kleine Tochter in die Arme. Der Alarm hat sich erübrigt, das Nähestreben ist erfüllt, und nun tritt – in diesem Fall bei beiden – die Frustration in den Vordergrund. Während ihr Kind verschwunden war, war Silke hochgradig alarmiert und hastete unermüdlich im Laufschritt durch das Einkaufszentrum, um Lisa unbedingt wiederzufinden. Als sie Lisa dann endlich entdeckt hatte, war Silkes einziges Streben, endlich ihre geliebte Kleine wieder in die Arme zu schließen. Doch jetzt, da auch dieses Streben Erfüllung gefunden hat, spürt sie auf einmal noch etwas anderes: Die Frustration, die durch eine Trennung unweigerlich ebenso ausgelöst wird wie Alarm und Nähestreben, entlädt sich. Sie gibt nicht ihrer Liebe, Freude und Erleichterung Ausdruck, sondern ihr entfährt ein ärgerliches: »Warum musst du auch immer überall stehenbleiben!«

Und Lisa erlebt einen ähnlichen Stimmungsumschwung. Gerade ist sie noch mit seligem Lächeln auf ihre Mama zugestürmt, jetzt beißt sie ihr unversehens und ohne es selbst recht zu verstehen, einmal kurz in den Oberarm – ihre tiefe Frustration drängt nach außen.

In einer sanfteren Variante würden Silke und ihre kleine Tochter sich eine Weile weinend in den Armen liegen, und die Frustration würde sich in Tränen der Erleichterung auflösen.

Frustration ist ähnlich wie die Verletzlichkeit (siehe Kapitel 3) ein Zustand, der uns wirklich entbehrlich erscheinen könnte. Aber wie wir schon in Kapitel 1 bei den Ausführungen über die wichtige Fähigkeit der Adaption gesehen haben, gehört Frustration einfach zu unserem Leben, und nicht nur zu unserem: Auch Tiere können frustriert sein.

Frustration entsteht jedes Mal, wenn etwas nicht so ist oder so klappt, wie wir es gerne hätten. Wie in einem Kreisverkehr haben wir mehrere Möglichkeiten, um diese gestaute Energie wieder los zu werden. Unser erster Impuls ist, den Lauf der Welt mit vermehrter Anstrengung doch noch nach unseren Wünschen zu ändern:

Lisa schaut ihrer Mutter beim Kuchenbacken zu. »Kann ich noch ein bisschen Teig schlecken?« Silke lächelt sie an: »Nein, meine Süße, du hast genug gehabt.« — »Ach bitte, Mama! Ich will aber! Nur den Schaber noch ablecken! Bitte, bitte! Mamaaa!!! Bitte!!!«

Lisa vermehrt ihre Anstrengung, versucht die Welt zu ändern. Das klappt nicht immer, in diesem Fall, weil Silke sich nicht erweichen lässt – und ihre Tochter auch jetzt nicht mit klugen Erklärungen über Magendrücken und anderen Folgen von zu viel Teig von ihren Gefühlen ablenkt. Die erste Ausfahrt des Veränderns ist sozusagen versperrt; daher fließt die Frustrationsenergie nun der zweiten Ausfahrt zu.

Lisa weiß aus Erfahrung: Wenn Mama sie mit diesem freundlichen, klaren Blick anschaut, ist jeder weitere Versuch zwecklos. Es gibt also wirklich keinen Teig mehr? Das ist traurig. Lisas Kinn beginnt zu zittern, ihre Unterlippe stülpt sich vor. Silke sieht das und sagt mitfühlend: »Das ist soo schade, hm? Das versteh ich gut! Kein Teigschlecken mehr für die kleine Lisa!« — »Krieg ich noch?« — »Nein, Lisa.« Lisas Augen füllen sich mit Tränen, und dann weint sie in den Armen ihrer Mutter die Frustration heraus. Aber nicht lange, denn es war ja nur ein kleiner Kummer. Nicht mal eine halbe Minute später löst sie sich aus Silkes Armen und hilft begeistert, den Teig mit Apfelschnitzen zu belegen.

Sie hat den kleinen Misserfolg in einem Vorgang der Adaption verarbeitet. Ihr Gehirn hat sich der Kampf-Botenstoffe des »Ich will aber!« mit den Tränen entledigt – und sich gemerkt: Solche Pannen sind nicht schön, aber ich kann sie überstehen, das ist alles nicht so schlimm. Die Summe solcher kleinen Erfahrungen wird Lisa später helfen, sich auch von größeren Problemen nicht umwerfen zu lassen.

Doch so problemlos läuft dieser Vorgang nicht immer ab, das wissen wir alle. Sehr oft passiert nämlich etwas ganz anderes:

Matthias kommt in die Küche gestürmt: »Oh, ihr backt Kuchen? Darf ich Teig schlecken?« Überrascht schaut Silke ihn an. »Wie schön, dass du schon da bist! Ist der Sportunterricht ausgefallen? Hier!« – »Ja, Herr Meier ist krank. Was, nur noch der Schaber ist da zum Abschlecken? Lisa hat die ganze Schüssel gekriegt?«

Da ist offensichtlich nichts mehr zu machen. Doch was Matthias viel mehr frustriert als der fehlende Teig: Seine Mutter hat offenbar sehr gemütlich mit Lisa in der Küche gewerkelt und gar nicht an ihn gedacht – dass sie von seinem früheren Heimkommen nicht wissen konnte, bedenkt er nicht, ein typischer Fall von »gefühlter« Trennung auf der Ebene der Wertschätzung. Außerdem ist er sowieso schon frustriert über den ausgefallenen Sportunterricht, er mag Herrn Meier nämlich gern.

Nur wenn ein Kind seine Gefühle ganz ungepanzert wahrnehmen kann, verlässt die Frustrationsenergie den Kreisverkehr spontan (oder mit ein bisschen Nachhelfen wie gerade bei Lisa) über die Ausfahrt „Adaption". Dabei müssen vor allem bei älteren Kindern nicht immer Tränen im Spiel sein – es reicht schon, wenn ein Kind spürt, dass es traurig oder enttäuscht ist oder jemanden vermisst...

Wenn die Ausfahrt der Adaption versperrt ist, weil das Kind – zumindest gerade jetzt – ein bisschen gepanzert ist, rauscht die Frustration an dieser Ausfahrt vorbei und mit Vollgas in die dritte und letzte Ausfahrt. Und Matthias kommt aus der Schule, wo er auf keinen Fall weinen möchte.

Wütend schmeißt Matthias den klebrigen Teigschaber auf den Boden.
»Du bist gemein! Ich will den mickrigen Schaber nicht! Und den Ku-
chen ess' ich auch nicht! Blöde Kuh!« Er stürmt an seiner Mutter vorbei
aus der Küche, versetzt im Vorbeigehen der kleinen Lisa noch einen
Rippenstoß und knallt die Tür zu.

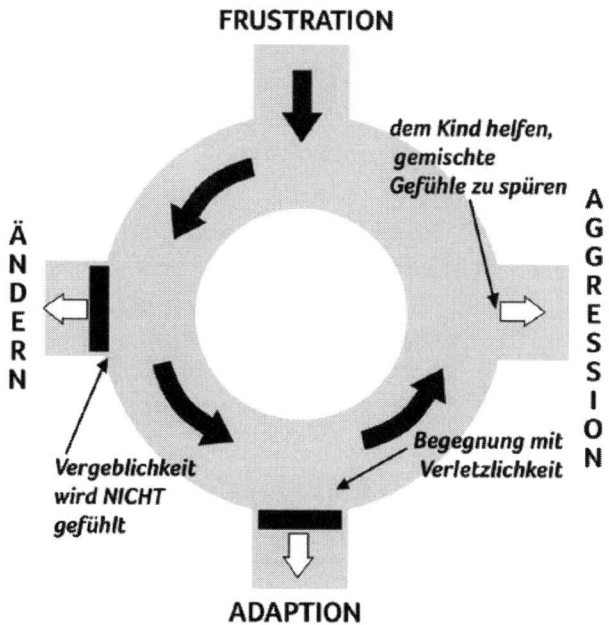

Abbildung 5: Für die Frustrationsenergie gibt es mehrere mögliche Ausgänge, um das emotionale System des Kindes wieder zu verlassen. Wenn die ersten beiden Ausgänge nicht zur Verfügung stehen, bleibt nur der Ausgang der Aggression.

Aggression verstehen

Aggression ist immer – IMMER! – eine Folge von Frustration. Für uns sieht es zwar oft so aus, als käme die Aggression unseres Kindes wie ein Blitz aus heiterem Himmel, aber bei genauem Hinsehen ist vorher schon ganz viel passiert:
Etwas ist nicht so, wie es sein sollte.
Sport fällt aus, kaum noch Teig da, Mutter und Lisa haben es ohne

mich schön gehabt.

Das kann nicht geändert werden.
In Matthias' Fall ist von vornherein klar: Herr Meier ist nun mal krank, der Teig ist aufgegessen und die schöne Zeit ohne ihn bereits verstrichen.

Das Kind ist, gerade jetzt oder chronisch, nicht so weich gestimmt, dass es seine Trauer fühlen könnte. Matthias kommt noch im Schneckenhaus-Zustand von der Schule, und er fühlt sich – über den fehlenden Teig weit hinaus – gegenüber seiner Schwester zurückgesetzt. Ob dies objektiv berechtigt ist, spielt für die Intensität seiner Gefühle keine Rolle. Es ist jedenfalls für ihn zu viel, um es jetzt fühlen zu können.

Das einzige, was Matthias die Ausfahrt Aggression versperren könnte, sind gemischte Gefühle wie Rücksichtnahme, das Wissen, dass seine Mutter ihn liebt oder der Gedanke, dass sie nicht mit seinem frühen Heimkommen rechnen konnte. Doch dafür ist die Summe seiner Frustrationen in diesem Fall zu stark.

Die Mutter tröstet erst ihre kleine Lisa, die erschrocken und empört ist. »Matthias meint das nicht so. Ich weiß doch, wie gern er seine kleine Lisa hat! Und dass ich keine blöde Kuh bin und wir uns nicht beschimpfen wollen, weiß er auch. Offenbar war es ein frustrierender Vormittag für ihn, da sind die Pferde mit ihm durchgegangen. Pass auf, gleich hat er sich wieder beruhigt.« Sie hebt den Schaber auf, wischt den Teig weg und schiebt den Kuchen in den Ofen.

Kurze Zeit später kommt Matthias mit mürrischem Gesicht und ohne seine Mutter anzuschauen in die Küche. Sie spricht ihn jetzt nicht auf sein Verhalten an, weil sie weiß: Seine Emotionen sind noch viel zu frisch. Auch den ausgefallenen Sportunterricht erwähnt sie lieber noch nicht. »Matthias, stell dir vor, Omas Katze hat ihre Jungen bekommen! Wir wollen gleich nach dem Mittagessen hin und sie anschauen! Dafür haben wir auch den Kuchen gebacken. Holst du den alten Weidenkorb noch aus dem Schuppen?« – »Ja.« Er schaut noch etwas verlegen, geht aber über die Brücke, die sie ihm baut.
Abends, beim Gute-Nacht-Sagen strahlt Matthias seine Mutter an. »Die sind so süß, die Kätzchen!« Sie blickt ihm liebevoll in die Augen,

lächelt und nickt. »Ja, die sind süß, besonders das Schwarze. – Weißt du noch, wie frustriert du heute Mittag warst? Du hast mich sogar ‚Blöde Kuh' genannt und Lisa geboxt. Was war denn am schlimmsten: dass Sport ausgefallen ist, dass der Teig alle war oder dass Lisa mehr bekommen hat?!« Matthias schaut ernst. Alles zusammen! Ich möchte auch mal wieder mit dir Kuchen backen! – Tut mir leid mit der ‚Blöden Kuh', Mama! – Schon gut, Lisa, und mit dem kleinen Schubser auch!« Die Mutter streicht ihm übers Haar. »Ja, es ist manchmal schwer, nicht die Beherrschung zu verlieren. Wie wär's, wenn wir uns alle nochmal ganz fest vornehmen, keine Schimpfwörter zu benutzen? Lisa, machst du auch mit?« – »Klar! Ich sag nie, nie mehr ein Schimpfwort!«, brüstet sich Lisa. – »Das glaub' ich nicht!«, lacht Matthias. »Aber ich schaff' das.« Sein Ehrgeiz ist geweckt. Silke weiß, dass es beiden nicht immer gelingen wird, ihrem Vorsatz treu zu bleiben – aber die gute Absicht zählt. Sie ist ein guter Anfang.

Ich habe im Kapitel 3 über Verletzlichkeit bereits geschildert, dass die Panzerung gegen verletzliche, weiche Gefühle vorübergehend sein kann – wie bei Matthias – oder chronisch. Manche Kinder hören schon früh ganz auf zu weinen, weil ihr Gehirn alle verletzlichen Gefühle zuverlässig aussortiert. Diese Kinder spüren nicht mehr, wenn sie traurig sind oder jemanden vermissen, auch ihre Angst fühlen sie nicht. Für sie ist die zweite Ausfahrt im Frustrations-Kreisverkehr damit dauerhaft versperrt. Darum werden sie sehr schnell aggressiv. Wenn Eltern stolz berichten, dass ihr Dreikäsehoch nie weint und vor nichts Angst hat, sollte das in Wirklichkeit ein Alarmsignal sein, das auf eine chronische Panzerung gegen verletzliche Gefühle hinweist. Ein solches Kind ist zwangsläufig sehr aggressiv gegen andere – oder gegen sich selbst, was manchmal auch in häufigen Erkrankungen zum Ausdruck kommen kann.

Hat die Mutter Schwäche gezeigt, indem sie auf das unangemessene Verhalten von Matthias so ruhig reagierte, es im Grunde zunächst übergangen hat? Matthias war so frustriert, dass er die Fassung verlor. In diesem Zustand hätten mahnende Worte und eine Bestrafung ihn nur noch mehr frustriert, so dass er noch mehr die Beherrschung verloren hätte. Es ist wie beim Segeln: Wenn ein Sturm tobt, hat es keinen Sinn, auf unserem Ziel zu beharren, wir holen die Segel ein und konzentrieren uns auf das Wichtigste: Dass das Boot über Wasser bleibt und wir im Boot bleiben. Wenn dann der Sturm vorbei ist, können wir wieder Segel setzen und unser Fernziel – ein reifes Kind – weiter verfolgen.

Zusammenfassung

Kinder (und wir auch) reagieren auf das Gefühl der Trennung in dreifacher Weise: mit Alarm, Nähestreben und Frustration. Diese drei Faktoren bestimmen das Verhalten unserer Kinder – und je jünger und unreifer ein Kind ist, desto weniger können diese Faktoren sich mischen. Frustration, die im Moment nicht gefühlt werden kann, verlässt den »Kreisverkehr der Emotionen« in Form von Aggression. Aggression als Reaktion auf gefühlte Trennung ist kein rationaler, absichtlicher Vorgang, sondern der Ausbruch von Frustrationsenergie, die das Kind nicht anders loswerden konnte. Sie widerfährt dem Kind. Wenn das Kind so die Fassung verloren hat, ist es sinnlos, es in diesem Augenblick zur Einsicht oder zum Verständnis bewegen zu wollen. Das geht erst später, nachdem die intensiven Gefühle wieder abgeklungen sind.

Häufigstes Vorurteil: »Du musst sofort reagieren, sonst lernt das Kind nicht, wie es sich verhalten soll.«

Wichtigste Regel: Nie, wirklich nie, in emotionalen Ausnahmezuständen (des Kindes oder eigenen) erziehen wollen. Erst muss der Sturm zur Ruhe kommen.

Kapitel 6:
Der dreigleisige Neufeld-Ansatz
– die Benutzung der Landkarte

In den Kapiteln 1 bis 5 habe ich Ihnen einige grundlegende Ge-setzmäßigkeiten in der Entwicklung von Kindern geschildert: Das Ziel der Entwicklung (Kapitel 1) ist die Reifwerdung. Sie braucht als Schoß oder Nährboden die Bindung (Kapitel 2). Die Früchte der Reifwerdung sind Emergenz (Hänschen Klein), Adaption (Oh wie schade), Integration sowie die sechs Ebenen der sich vertiefenden Bindung. In Kapitel 3 ging es um die große, aber notwendige Ver-letzlichkeit im Gefühlsleben unserer Kinder, in Kapitel 4 um das wichtige Konzept von Abhängigkeit als Grundlage für Selbststän-digkeit. In Kapitel 5 schließlich haben wir die instinktiven Reak-tionen auf das Gefühl der Trennung in jeder Form untersucht, ob diese Trennung tatsächlich stattfindet, eingebildet ist oder be-fürchtet wird. Aus diesem Wissen ergibt sich, was im Leben mit unseren Kindern das Wichtigste ist:

A)   Wir müssen vor allem die **Bindung aufbauen** bzw. pflegen und vertiefen. Denn eine Bindung, in der sich das Kind bei uns geborgen fühlt, ist die entscheidende Grundlage, ohne die al-les andere nicht fruchten kann.

B)   Wir müssen die **Unreife des Kindes kompensieren,** also da-für sorgen, dass sein unreifes Verhalten dem Kind so wenig wie möglich im Wege steht. Dies gilt in jedem Fall, ob das Kind nun unreif ist, einfach weil es noch so klein ist, oder ob es »eigent-lich« den Jahren nach schon deutlich reifer sein könnte, sollte, müsste...

C) Unser eigentliches Hauptziel besteht darin, die **Reifwer-dung des Kindes zu ermöglichen und zu fördern** und eventuell entstandene Entwicklungshindernisse aus dem Weg zu räumen. Dafür muss das Kind die Möglichkeit haben, abhängig und hilfsbedürftig sein zu dürfen, und es darf nicht mehr Trennung erfahren, als es aushalten kann. Sonst müsste es sich gegen die damit verbundene Verletzlichkeit panzern.

Für eine erfolgreiche Anwendung des dreigleisigen Neufeld-Ansatzes brauchen wir unsere innere Landkarte vom Gefühlsleben und der Entwicklung unseres Kindes. Dann können wir unser Kind »lesen«, vielen Problemen vorbeugend begegnen, sie richtig einordnen und dazu beitragen, dass Problemverhalten sich im Zuge der Entwicklung zur Reife auflöst.

1. Bindung aufbauen – aber richtig herum!

»Papa?« – »Ja?« – »Ich hab dich lieb!« – »Ich hab dich auch lieb, mein Schatz!« – Pause – »Aber, Papa?« – »Ja?« – »Wenn du mich richtig lieb hättest, dann hättest du es zuerst gesagt!«

Warum empfand dieses Kind, dass sein Vater ihm hätte zuvorkommen sollen? Kinder brauchen nicht nur Bindung, sie müssen sich in ihr auch wirklich geborgen fühlen und in ihr zur Ruhe kommen können. Wir sollen die Großen sein und sie die Kleinen. Wie Sie Bindung aufbauen können, habe ich ja bereits in Kapitel 2 beschrieben. Das Entscheidende ist im Grunde nur, dass Sie wissen, wie lebenswichtig die Geborgenheit einer Bindung an einen fürsorglichen Erwachsenen für Ihr Kind ist und dass dies die Grundlage für alles andere ist. Wohlverhalten, Leistung, Manieren – das sind alles nur Folgen, Ergebnisse, Auswirkungen einer tiefen, vertrauensvollen Bindung. Die einzige Alternative zu einer Erziehung auf der Grundlage von Bindung ist Erziehung mit Angst – und damit könnten Sie allenfalls eine Zeitlang Wohlverhalten erzwingen, nie aber Reifwerdung.

Kennen Sie den berühmten Text »Niemals Gewalt« von Astrid Lindgren? Sie hat ihn anlässlich der Verleihung des Friedenspreises des Deutschen Buchhandels gehalten. Mit der Bindung ist es wie mit allem Lebendigen:

Sie verträgt keine Gewalt, weder körperliche noch seelische.

Als ich in Kapitel 2 geschrieben habe, dass Sie mit Augenkontakt, Lächeln und Nicken die Bindung (wieder) aktivieren, war damit nicht der Befehl »Schau mich an, wenn ich mit dir rede!« gemeint. Der Erwachsene übernimmt gegenüber dem Kind, für das er verantwortlich ist, – anders als in einer Partnerschaft unter Erwachsenen – die alleinige Verantwortung für die Beziehung und bleibt angesichts der kindlichen Emotionsausbrüche und auch der Verweigerung von Bindungsaufnahme gelassen. Das ist nicht immer einfach – aber deutlich leichter, wenn wir wissen, dass jedes Verhalten eine nachvollziehbare Ursache im Gefühlsleben des Kindes hat.

Müssen wir nicht authentisch sein?

Viele Eltern glauben, ihren Kindern all' ihre eigenen Gefühle brühwarm präsentieren zu müssen, um »authentisch« zu sein. Aber lassen Sie mal die folgenden Sätze auf sich wirken: »Jetzt hast du mich aber ganz traurig gemacht!« oder »Ich bin jetzt grad so wütend auf dich, dass ich eine Pause von dir brauche.« – »Geh mir aus den Augen!« – »Wenn du das noch einmal machst, kommst du ins Heim!« – »Du bringst mich noch ins Grab!« – »Du machst mich ganz verrückt!« – »Wir machen uns große Sorgen um dich!« – »Ich habe deinetwegen wachgelegen und geweint!« – »Wenn ihr immer so laut seid, kommt Papa irgendwann gar nicht mehr nach Hause!« – »Ich bin so enttäuscht von dir!« – »Ich weiß nicht, wie ich mit dir noch fertig werden soll.« – »Wenn du so weiter machst, gehen wir alle kaputt.« – »Wenn du das nicht lässt, kann ich dich gar nicht mehr liebhaben!«

Wer bekommt hier die Verantwortung für das, was geschieht? Richtig, das Kind. Und das Schlimme ist: Das Kind ist so sehr auf unsere Nähe und Zuwendung angewiesen, dass es sich diese Verantwortung bereitwillig auflädt. Es ist nicht in der Lage, zu sagen: »Mama, Papa, ich bin noch unreif und habe mein Verhalten nicht völlig unter Kontrolle. Bitte hilf du mir, groß und erwachsen zu werden. Ich muss mich bei dir anlehnen können, um selbst stark werden zu können.« Sondern das Gehirn des Kindes schließt aus Sätzen wie den oben aufgelisteten: Ich habe die Verantwortung, nicht nur für die Nähe zu meinen Eltern, sondern auch dafür, dass es ihnen (wieder) gut geht.

Wenn wir als Eltern unsere Kinder für ihr Tun, für unsere Zuneigung zu ihnen und sogar für unser Wohl verantwortlich machen, dann ziehen sie sich den Schuh an – und sind damit komplett überfordert. Sie haben nicht nur mehr Verantwortung, als sie tragen können (dafür, dass es Mama gut geht! Du liebe Zeit!), sondern zusätzlich verlieren sie durch die Verschiebung der Verantwortung die Möglichkeit, sich bei uns geborgen und getragen zu fühlen. Wenn Sie für jemanden die Verantwortung übernehmen, können Sie sich nicht gleichzeitig vertrauensvoll bei ihm ankuscheln und sich von ihm helfen lassen – entweder, oder.

Authentisches Äußern der Gefühle ist eine schöne Sache – unter reifen Erwachsenen. Im Umgang mit den uns anvertrauten Kindern hat deren Schutz Priorität vor unserem authentischen Gefühlsausdruck. Ein drastisches Beispiel: Stellen Sie sich in einem Luftschutzkeller während eines Bombenangriffs eine Mutter mit ihrem Kind vor. Sie zittert selbst vor Angst, aber sie hält und streichelt ihr Kind und redet ihm beruhigend zu. Die Zeit für ihren authentischen Selbstausdruck ist gekommen, wenn sie später weinend ihrem Mann, ihrer Mutter oder ihrer Nachbarin in die Arme fällt, jetzt aber hat der Schutz des Kindes Priorität. Unser Zorn, unsere negativen Gefühle, unsere Hilflosigkeit, unsere Angst sind für unser Kind genauso furchteinflößend wie ein Bombenangriff und sollten nicht zu Erziehungszwecken benutzt werden. Das wäre eine Überforderung.

Und wie das Gehirn des Kindes auf Überforderung reagiert, das haben wir uns in Kapitel 3 über Verletzlichkeit angeschaut: Das Gehirn blockt all' diese übermächtigen Gefühle ab und panzert das Kind, so dass es cool wird.

Wenn das Gehirn sich eingestellt hat auf »Ich bin hier der Boss«, fühlt es sich für dieses Kind ganz falsch an, irgendjemandem sonst zu gehorchen. Für ein Kind, das zu uns aufschaut und sich uns anvertraut, ist es schon schwer genug, unangenehmen Weisungen zu folgen. Aber ein Kind, das sich für uns verantwortlich glaubt, würde sich als Versager fühlen, wenn es uns gehorchen würde.

Diese Kinder werden im Jargon der Entwicklungspsychologen »Alpha-Kinder« genannt. Sie wirken sehr selbstständig und selbstbewusst, fordern lautstark und kommandieren ihre Eltern mit großer Selbstverständlichkeit herum. Sie haben Schwierigkeiten, das zu essen, was ihnen die Eltern vorsetzen, und sie haben verständlicherweise große Probleme mit dem Einschlafen: Der Chef geht doch nicht vor der Köchin (Wer ist Mama?) und dem Hausmeister (Wer ist Papa?) ins Bett! Alpha-Kinder haben Probleme mit allen Weisungen von außen. Manche Kinder geraten nur ab und zu in diese Alpha-Rolle, aber viele chronische Alpha-Kinder führen buchstäblich ein Schreckensregiment und empfinden dabei selbst immer mehr innere Unruhe und Alarm.

Bedeutet das, dass Sie vor Ihrem Kind Ihre eigenen Gefühle verbergen sollten? Ist das nicht heuchlerisch? Natürlich sollen und dürfen unsere Kinder uns als fühlende, weichherzige Menschen erleben und nicht als starre Masken. Das Kriterium ist ein anderes: Gefühle, mit denen Sie Ihr Kind überfordern würden, sollten Sie lieber zu einer anderen Zeit und nicht ihm gegenüber zum Ausdruck bringen. Ihr Kind braucht nichts so dringend wie Bindung – und es braucht das Gefühl, dass Sie groß und stark sind und dass es bei Ihnen sicher und geborgen ist.

Auch wenn das Verhalten Ihres Kindes Sie sehr wütend gemacht hat, ist dies nicht der Ort für »authentisches Ausleben der Gefühle«. Stellen Sie sich eine Mutter vor, die während eines heftigen Sturms mit ihren Kindern unterwegs ist. Das Wichtigste ist in einem solchen Moment, dass sie ihren Kindern Halt und Geborgenheit vermittelt und so viel Gelassenheit und Ruhe wie möglich ausstrahlt, auch wenn sie innerlich am liebsten schreiend weglaufen würde. Ebenso brauchen unsere Kinder in ihren eigenen Gefühlsstürmen unsere gelassene Begleitung.

Was die Gefühle, die das Kind in uns auslöst, betrifft: Unser

Partner, unsere Freundin, unsere Mutter können Sätze wie »Heute hat meine Kleine mal wieder alle Knöpfe bei mir gedrückt!« – »Ich mache mir solche Sorgen um ihn!« – »Ich weiß überhaupt nicht, wie ich darauf reagieren soll!« besser verdauen. Hier können wir alle unsere Gefühle zum Ausdruck bringen.

2. Unreife kompensieren

Die Erziehung für kleine oder in ihrem Reifwerdungsprozess steckengebliebene Kinder sollte NICHT auf ihr Verhalten gerichtet sein, sondern auf das, was ihrem Verhalten eine Form geben kann:

Strukturen, Routineabläufe und Rituale

»Oma, ich weiß, wie man Zähne putzen muss: erst die Großen, dann die kleinen, erstvorne, dann hinten, erst außen, dann innen, und immer im Kreis herum!«

Kinder lieben Wiederholung und Rhythmus. In einer Welt, in der sie den Sinn und Zusammenhang so vieler Dinge noch nicht verstehen, tut es ihnen gut, zu wissen, wie etwas sein muss und was als nächstes kommt. Es vermittelt ihnen Sicherheit und Befriedigung, feststehenden, immer wiederholten Abläufen Folge zu leisten. Mit dieser grundlegenden Form von Ordnung können wir viele kleine und größere Machtkämpfe jeden Tag vermeiden, wie im Beispiel auf S. 26 (Kapitel 1) gezeigt. Das ist besonders wichtig für kleine Kinder und für Kinder, die sich zum Schutz vor übergroßer Verletzlichkeit panzern mussten. Diese in ihrer Reifwerdung blockierten Kinder sind blind dafür, was sie in Schwierigkeiten bringt, und brauchen quasi Schienen, um heil durch ihren Alltag zu kommen. Je klarer die Ordnung ist, die wir vorgeben, umso weniger Gelegenheit besteht für sie, anzuecken.

Bindung vor Weisung

Matthias hat sechs Klassenkameraden zu seinem Geburtstag eingeladen, und es geht hoch her. Die Mutter hört in der Küche, wie die Musik immer weiter aufgedreht wird. Das wird die Nachbarn nicht begeistern! Aber Matthias ist ganz auf seine Freunde konzentriert – wenn sie ihm jetzt einfach nur von der Tür her »Musik leiser« zuruft, fühlt er sich vor ihnen vielleicht beschämt und reagiert patzig. Sie geht auf ihren Sohn zu, schaut ihm in die Augen und lächelt ihn freundlich an: »Kommst du bitte mal kurz raus?« Vor der Tür, unter vier Augen, legt sie ihm die Hand auf die Schulter. »Das läuft richtig gut bei euch, hm?« Matthias strahlt und nickt. »Ich hab in einer halben Stunde das Essen fertig. Und, Matthias, die Musik ist jetzt sehr laut geworden, da kriegen wir von den Müllers wieder ewig was zu hören. Bitte sorg dafür, dass es nicht lauter gestellt wird als Stufe 5, okay? Kannst ja sagen, dass wir empfindliche Nachbarn haben.« Matthias zieht eine Grimasse, beide lachen, und die Mutter weiß: Sie hat ihn erreicht.

Wenn unser Kind gerade ganz auf andere Bindungen konzentriert ist (das kann auch die Bindung an seine Lieblingsserie oder sein Spiel sein), fällt es ihm schwer, sich gleichzeitig seiner Bindung an uns bewusst zu sein. Je unreifer das Kind noch ist, umso größer ist diese Schwierigkeit. Ein unreifes Kind, ob es nun einfach jung ist oder in seiner Reifwerdung blockiert, ist nur bereit, uns Folge zu leisten, wenn es sich mit uns verbunden fühlt. Wir müssen also die Bindung erst wieder aktivieren und das Kind sozusagen einsammeln. Die wenigen Sekunden, die es Silke gekostet hat, die gute Beziehung ihres Sohnes zu ihr unter vier Augen wieder zu aktivieren, haben sich gelohnt. Ein bisschen Vorsorge in dieser Weise kann viele unnütze Reibereien ersparen.

»Reifes« Verhalten vorgeben

»Schau Lisa, ich halte die Kätzchen immer ganz vorsichtig. Wenn sie runterwollen, lass ich sie auch los, denn sonst bekommen sie Angst und kratzen.«

Lisa ist noch zu klein, um gleichzeitig mit ihrer eigenen Freude an den kuscheligen Fellknäueln auch die Bedürfnisse der Kätzchen zu berücksichtigen. Aber in guter Bindung an ihre Mutter ahmt sie deren Vorgaben willig nach.

Wichtig ist nur, dass die Mutter weiß: Lisa kann nicht reifer sein, als sie wirklich ist, sie kann sich nur so verhalten, wenn sie die richtigen Anweisungen erhält. Sich abwechseln, weil man das so macht, ist höflich, aber sich abwechseln, weil man den Wunsch hat, fair zu sein, kann nur aus der Reife kommen. Es gibt keinen Ersatz für echte Reifwerdung, keine Abkürzung, um dorthin zu gelangen. Die wahre Herausforderung für Eltern und Lehrer ist es, ihren Kindern beim Erwachsenwerden zu helfen, nicht einfach dabei, sie aussehen zu lassen wie Erwachsene.

Aber bis diese Reife sich entwickelt hat, können wir unserem Kind und uns den Alltag sehr erleichtern, indem wir ihm geeignetes Verhalten vorgeben. Das funktioniert allerdings nur dann, wenn die Bindung des Kindes an uns gut ist und es unsere Alpha-Position akzeptiert.

Die Herausforderung besteht darin, positive Stichworte zu geben, denen die Kinder leicht folgen können und die auch umgesetzt werden können. Also statt »Lauf nicht auf die Straße!«, rufen wir »Bleib auf dem Bürgersteig«, statt »Fall nicht runter!«, sagen wir »Halt dich gut fest!«. Es ist sinnlos, Forderungen wie »Sei fair!«, »Vertragt euch!«, »Jetzt nimm doch mal Rücksicht!« an ein unreifes Kind zu stellen, denn Fairness, Verträglichkeit und Rücksicht sind Früchte des Reifwerdungs-Prozesses. Stattdessen können wir konkrete Vorgaben für angemessenes Verhalten machen: »Teilt den Kuchen so auf, dass einer schneidet und der andere sich sein Stück aussuchen darf.« – »Wenn du merkst, dass du sehr frustriert bist und Matthias am liebsten hauen würdest, rufst du mich, dann helfe ich euch!« – »Lass Oma bitte auf dem gepolsterten Lehnstuhl sitzen, dann kann sie am besten aufstehen.«

Betonen, was funktioniert

»Kevin, du hast dreiundvierzig Worte vollkommen richtig geschrieben!«

Unsere Gesellschaft und besonders unser Schulsystem arbeiten ständig mit Korrekturen. Davon können aber nur Kinder profitieren, die in der Lage sind, die damit verbundenen adaptiven Gefühle von »Oh wie schade« (siehe Seite 16) zu fühlen. Das Betrachten ihrer Fehler ist für sie so verletzlich, dass ihr Gehirn sie davor schützt – in ihrer Reifwerdung blockierte Kinder sind buchstäblich taub und blind, wenn es darum geht, was sie falsch gemacht haben.

Sie reagieren auf Korrekturen gar nicht oder mit vermehrtem Trotz. Nur indem wir mit ihnen in gutem Kontakt sind und sie dann darauf hinweisen, was funktioniert, können wir ihnen helfen, in die richtige Richtung zu gehen. Wenn sie vertrauensvoll an uns gebunden sind, ist unser Hinweis darauf, was funktioniert, für sie ein starkes Instrument, um zu lernen und etwas zu ändern.

Stärken stärken statt Mängel bemängeln

»Was macht dir denn am meisten Spaß?«

Im Grunde ist dies eine Erweiterung des Ansatzes, unreife Kinder auf das hinzuweisen, was funktioniert, anstatt zu korrigieren. Viele Eltern und Lehrer konzentrieren sich auf die Bereiche, in denen ihr Kind Schwierigkeiten hat, nach dem Motto: »Du darfst nur weiter Fußball spielen, wenn die Mathe-Noten stimmen.« Aber jedes Kind braucht, wie ein Forscher dies nennt, eine Insel der Kompetenz, auf der es sich wohlfühlt und sich als leistungsfähig erlebt. Wenn wir dem Kind die Zeit gönnen, sich in seinen starken Bereichen als erfolgreich zu erleben, ist langfristig sehr viel für seine Motivation und Stabilität gewonnen – und damit für seine Fähigkeit, an seinen Schwächen zu arbeiten.

3. Reifwerdung fördern

Wenn unser Kind einfach nur jung ist, aber in Kontakt mit seinen Gefühlen und in guter Bindung zu uns, geschieht Reifwerdung von ganz allein. Indem wir ihm ein lebendiges, verletzliches Leben vorleben und ihm die Geborgenheit geben, die es braucht, sowie genügend Raum für all' seine Gefühle, tun wir alles, was notwendig ist. Darüber hinaus, beziehungsweise darin eingewoben, können wir Reifwerdungsprozesse fördern, indem wir:

Gute Absichten wecken.

»Wenn Du ein Schiff bauen willst, dann rufe nicht die Menschen zusammen, um Holz zu sammeln, Aufgaben zu vergeben und die Arbeit einzuteilen, sondern lehre sie die Sehnsucht nach dem großen, weiten Meer.«
                                                        Antoine de Saint-Exupéry

Stellen Sie sich vor, Sie geben Ihrem Kind einen Ball für ein Spiel, sagen ihm aber nicht, dass es in dem Spiel darum geht, die Büchsenpyramide zu treffen. Es kann lange dauern, bis Ihr Kind von selbst darauf kommt. Viele Dinge, die uns selbstverständlich erscheinen, sind für unsere Kinder Neuland. Indem wir gute Absichten wecken, z.B. »keine Schimpfwörter sagen« (siehe Seite 76), vermitteln wir dem Kind lohnenswerte Ziele und geben dabei gleichzeitig auf natürliche Art unsere eigenen Werte weiter. Das Kind macht sich diese Ziele zunächst zu Eigen und hat damit eine Grundlage. Später, in der Pubertät, wird es dann von diesem Heimathafen aufbrechen und sich eigene, unter Umständen ganz andere Werte erarbeiten. Aber es braucht erst einmal die Möglichkeit, in unseren Werten zu ankern.

Wenn wir uns weigern, ihm Werte zu vermitteln, um seine Unabhängigkeit zu fördern, vergessen wir eins: Unser Kind ist noch nicht unabhängig. Wenn wir ihm das Ankern verweigern, wird es sich einen anderen Hafen suchen müssen. Es hat dadurch keine Unabhängigkeit gewonnen, aber wir haben die Möglichkeit verloren, ihm Halt und Stütze zu sein.

Indem das Kind die von uns angeregten Ziele für sich übernimmt, verändert sich unsere Rolle: Wir können es nun in seinem eigenen Streben unterstützen. Dass ein Kind es normalerweise nicht schafft, seine guten Absichten immer gleich oder auf Dauer zu verwirklichen, kennen wir ja von uns selbst. Aber es zielt in die richtige Richtung, und darauf kommt es an. Zudem fördern wir gemischte Gefühle: Das Kind wird erleben, dass es einerseits seine gute Absicht umsetzen möchte, ihm das aber andererseits (noch) schwerfällt.

Gemischte Gefühle hervorlocken

Die Integration gegensätzlicher Gefühle führt ausgewogenes Erleben und Handeln im Gefolge (siehe Seite 18) und ist ein wichtiger Strang beim Prozess der Reifwerdung. Gordon Neufeld definiert Gefühle als Emotionen, die uns bewusst geworden sind. Damit ein Kind Gefühle mischen kann, müssen sie ihm also bewusst werden, und genau hierbei können wir ihm helfen. Wichtig dabei ist, dass wir zunächst die momentan überwiegenden Emotionen ansprechen, bevor wir versuchen, unser Kind auf das Andererseits hinzuweisen. »Du bist ganz traurig darüber.« – »Das hat dir wirklich wehgetan.« – »Das ist so frustrierend!« – »Ich kann mir vorstellen, dass dir bei dem Gedanken ganz bange wird.«

Wenn das Kind sich in dem, was es gerade fühlt, verstanden sieht, hat es eher offene Ohren für das, was es in sich dazu auch noch finden könnte. »Aber andererseits hast du dich ja auch lange darauf gefreut, das jetzt endlich ausprobieren zu können.« – »Das tut weh, gerade weil du sie so gern hast.« – »Aber ich glaube, du wünschst es dir immer noch sehr, oder?«

Vergeblichkeit einsinken lassen

Gordon Neufeld vergleicht unser emotionales Leben mit einem Irrgarten: Es gibt einen Weg hindurch, aber wir geraten ständig an

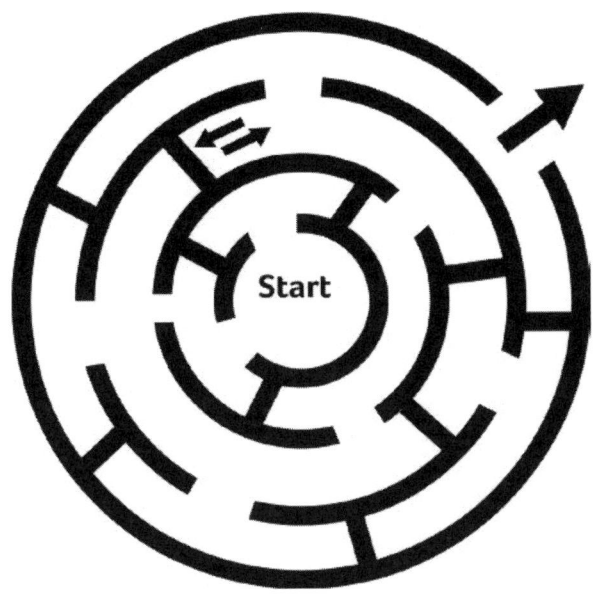

Abbildung 6: Das Leben wirkt oft wie ein Irrgarten: Wenn wir mit Vergeblichkeit konfrontiert sind, müssen wir fühlen und akzeptieren, dass wir hier und jetzt mit dem Kopf
durch die Wand nicht weiterkommen. Erst dann können wir uns entspannen und versuchen, unser Ziel auf andere Weise zu erreichen.

Wegbiegungen, wo wir zunächst nicht wissen, wie es weiter geht,
und an denen sich vor uns eine unüberwindliche Mauer aufzutür-
men scheint. Wenn unser Kind versucht, hier mit dem Kopf durch
die Wand zu gehen, kommt es nicht weiter. Nur indem es innehält,
wirklich die Vergeblichkeit seines Tuns spürt und fühlt – »hier und
jetzt und so geht es jedenfalls nicht« -, kann es sich durch den
Irrgarten hindurchschlängeln. Dabei können wir ihm helfen. Wenn
wir versuchen, ihm nach dem Motto Geht nicht gibt's nicht die Erfahrung von Vergeblichkeit möglichst völlig zu ersparen, wird es
nicht lernen können, mit den unvermeidlich auftretenden Miss-
helligkeiten des Lebens umzugehen. Wenn wir versuchen, es mit
klugen Argumenten und Erklärungen von der Wahrnehmung seiner Emotionen abzulenken, damit es sich bloß nicht aufregt, lernt
es nicht, seine Gefühle zu spüren und zu mischen. Es ist dann bes-

ser, wir tanzen mit ihm einen **Tanz der Tränen:**
Vergeblichkeit präsentieren:
»Es gibt keinen Keks mehr.«
»Es regnet, wir können nicht baden fahren.«
»Omi kann doch nicht kommen.«

In der Erfahrung der Vergeblichkeit halten:
»Das ist wirklich traurig.« –
»Du hast dich so gefreut, und nun geht es nicht...«

Mit unserem warmen Trost dem Kind helfen, zu den erlösenden Tränen der Vergeblichkeit zu finden. Indem die frustrierte Energie über Tränen oder verbal ausgedrückte Trauer abfließen kann, entspannt sich Kind und das Gehirn merkt sich diesen Weg der Adaption.

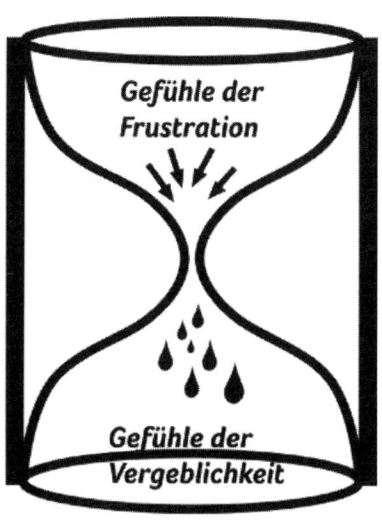

Abbildung 7: Aus sauer muss Trauer werden. Indem das Kind die frustrierende Vergeblichkeit fühlt, befreit sich sein emotionales System von der gestauten Frustrationsenergie.

Entwicklungsblockaden lösen

Wenn ein Kind bereits gezwungen war, sich durch Panzerung gegen Verletzungen zu schützen, und in seiner Reifwerdung steckengeblieben ist, ist es neben dem (a) Aufbau von Bindung (Seite 79) und (B) dem Kompensieren seiner Unreife (Seite 83) wichtig, dass wir (C) Reifwerdung ermöglichen, indem wir auf eine Auflösung dieser Blockaden hinarbeiten.

Die gute Nachricht lautet, dass es immer möglich ist, Reifwerdungsprozesse wieder in Gang zu setzen. Es ist nie zu spät, mit dem Erwachsenwerden anzufangen. Glücklicherweise ist das emotionale Gehirn ziemlich immun gegen Beschädigung, selbst wenn neurologische Defizite oder schwere Störungen vorliegen. Die schlechte Nachricht ist, dass wir niemanden gezielt veranlassen können, seine Panzerung zu öffnen. Es gibt keine Methode, kein Bündel von Maßnahmen, bei dem Erfolge garantiert sind. Es ist möglich, dass die Panzerungen schmelzen, aber es ist nicht immer möglich, das Gehirn des Kindes davon zu überzeugen, dass dies jetzt das Beste wäre. Dabei gibt es allerdings viel mehr Erfolge als Misserfolge, selbst bei Kindern, deren Panzerungen schon sehr verhärtet sind.

Um die Entwicklungsblockade eines Kindes zu lösen, brauchen wir nicht zu ziehen oder zu schieben. Tatsächlich kann dies ein Kind noch weiter in die Defensive treiben. Wir brauchen nur die Entwicklungshindernisse zu beseitigen.

Unsere Aufgabe besteht also darin, den Schutzpanzer, der beim Kind als Reaktion auf subjektiv unerträgliche emotionale Verletzungen entstanden ist, sanft aufzuweichen. Nach einer Weile wird unser Kind beginnen können, zu dem, was es erlebt, wieder seine Gefühle zu fühlen, seinen Wahrnehmungen zu trauen und sich auf Beziehungen einzulassen – nur so kann es erwachsen werden. Wenn diese Panzerungen sich auflösen, geschieht der Rest automatisch.

Diese Hilfe kann dem Kind nur ein Erwachsener geben, zu dem es eine starke, vertrauensvolle Bindung hat – hier haben die Menschen in der unmittelbaren Umgebung des Kindes, allen voran die Eltern, einen unschätzbaren Vorteil gegenüber von außen hinzugerufenen Experten und Therapeuten. Was also können wir tun?

Wir schützen das Kind vor vermeidbaren Überforderungen seiner Verletzlichkeit

Wenn wir beobachten, dass unser Kind auf eine als harmlos geltende Fernsehserie ängstlich oder aggressiv reagiert, von den Nachmittagen in der Spielgruppe unausgeglichen und überdreht zurückkommt oder sich einem Spielkameraden in übertriebener Weise unterordnet, dann ersparen wir dem Kind diese Erfahrungen nach Möglichkeit vorerst. Vielleicht kommt später eine Zeit, in der es ihnen gewachsen sein wird. Im Übrigen gilt, frei nach Goethe: »Alles schickt sich nicht für jeden« – unser Kind ist ein einzigartiges Individuum mit einzigartigen Vorlieben und Abneigungen. Es kann und muss nicht so sein wie alle anderen. Da jedes Kind einzigartig ist, sind *alle anderen* ohnehin ein Phantom.

Wir vermitteln dem Kind, dass es sich lohnt, verletzliche Gefühle zuzulassen

Diese Haltung ist das Gegenteil von »Ein Junge weint nicht!«. Wir dürfen unserem Kind ruhig verraten, dass auch große Leute und sogar Mama und Papa manchmal weinen, sich unsicher fühlen und aufgeregt sind. Natürlich wählen wir keine Beispiele, die mit unserem Kind zu tun haben. Wenn unser Kind uns seine Angst anvertraut, tut es ihm gut, wenn wir Verständnis zeigen, anstatt ihm seine Angst unsererseits ängstlich ausreden zu wollen. Wenn das Kind sich für seine »weichen« Gefühle nicht schämt, ist es viel leichter, sie zuzulassen.

Wir machen Verletzlichkeit ungefährlich

Wenn ein uns anvertrautes Kind beginnt, sich zu öffnen, dürfen wir das nicht ausnutzen, indem wir es lächerlich machen oder bloßstellen. So manche Mutter hat da schon viel Porzellan zerschlagen, indem sie vor den Ohren des Kindes der Nachbarin oder der Oma erzählt hat, wie niedlich sich das Kleine heute wieder gefürchtet hat. Auch wenn das Kind uns eine Missetat oder ein Missgeschick anvertraut, sollten wir nicht plötzlich von der liebevollen Alpha-Rolle zum strafenden Rachegott wechseln und das Kind für sein Vertrauen bestrafen, indem wir plötzlich unfreundlich werden oder Konsequenzen verhängen. Wenn wir solche Dinge tun, gefährden wir die Bindung auf der 6. Stufe der seelischen Vertrautheit (siehe Seite 38). Stattdessen können wir das Kind trösten und gemeinsam mit ihm überlegen, wie wir in diesem Fall am besten wieder Ordnung schaffen und den angerichteten Schaden wieder gut machen können, ohne dass es den Charakter einer Strafe hat. Wir bleiben auf der Seite des Kindes.

Wir leben unsere eigene Offenheit für Verletzlichkeit vor

Wir haben uns ja schon klar gemacht, wie wichtig es ist, dass wir unser Kind nicht mit unseren authentischen Gefühlen überfordern. Wenn unser Kind uns völlig haltlos zusammenbrechen sieht, erschrickt es zutiefst und versucht, die Verantwortung zu übernehmen. Aber es darf erleben, dass uns bei einer traurigen Filmszene die Tränen rollen und wir dazu stehen: »Ja, bei solchen Stellen muss ich immer weinen«, dass wir jemanden vermissen, dass wir hin- und hergerissen sind zwischen verschiedenen Gefühlen: »Eigentlich würde ich jetzt viel lieber gemütlich bei euch bleiben, aber ich hab versprochen, dass ich noch mithelfe...«. Eine Haltung von: »Freu' dich lieber nicht, dann bist du auch nicht enttäuscht« vermittelt dem Kind das Gegenteil einer solchen Verletzlichkeit.

Wir laden dazu ein, das Leben verletzlicher zu erleben

Das klingt schön, nur: Wie bringen wir ein Kind, das bereits sehr schmerzliche Erfahrungen hinter sich hat, dazu, sich wieder für seine Gefühle zu öffnen? Gordon Neufeld zitiert hier gern eine alte Fabel des griechischen Dichters Äsop: Die Sonne und der Nordwind beobachten einen alten Mann und streiten darum, wer von ihnen schneller erreichen könne, dass er seine vielen Kleiderschichten ablegt. Zuerst probiert der Nordwind sein Glück: Er bläst mit voller Kraft und zerrt energisch am Mantel des Alten. Doch dieser wickelt sich, je heftiger der kalte Nordwind bläst, nur umso fester in seine Lumpen. Dann kommt die Sonne an die Reihe, und der Leser denkt sich vermutlich bereits sein Teil: Mit ihrer beständigen, sanften Wärme sorgt sie mühelos dafür, dass der alte Mann nach und nach alle Schutzschichten ablegt... Wenn wir diese Fabel auf ein chronisch gepanzertes Kind übertragen, ist unsere Aufgabe klar.

Wir berühren sanft die kleinen Schrammen und schonen die großen Wunden

Dieser Punkt ist sehr wichtig. Wie wir in Kapitel 3 über Verletzlichkeit gesehen haben, ist die Fähigkeit, sich gegen unerträgliche Erfahrungen zu panzern, wichtig und unentbehrlich. Ein Kind, das einen wichtigen Menschen verloren hat, ein Kind, das misshandelt wurde oder andere schlimme Dinge erleben musste, braucht unter Umständen den Schutz der Panzerung gegen die Wucht des Erlebten noch viele Jahre lang. Vielleicht hat es erst als Erwachsener genügend Kraft, Stabilität und tiefe Bindungen gewonnen, um sich der Intensität dieser Verletzungen stellen zu können.

Unsere vordringliche Aufgabe im Umgang mit einem solchen Kind ist daher nicht, die das Trauma schützende Panzerung aufzulösen. Stattdessen helfen wir dem Kind, trotz seiner Traumatisierung reif zu werden. Dies können wir tun, indem wir dem Kind ermöglichen, die harmloseren, gerade noch erträglichen Verletzungen zu fühlen. Wir bohren also nicht in der großen Wunde, sondern streifen ganz sanft die kleinen Schrammen: *»Ach, das ist ja schade, dass du das Fußballspiel verpasst hast!« — »Du hast deine schöne Mütze verloren? Da wäre ich auch traurig!«* Auch Geschichten und Filme, die von (erträglichen) weichen Gefühlen handeln, können hier eine Hilfe sein. Wenn wir Glück haben, fühlt das Kind ein bisschen von der

Trauer – und sie ist noch auszuhalten. Auf diese Weise kann das Kind sich – um die große Wunde herum – viel verlorenes Gefühlsterrain zurückerobern und viel weicher werden. Das ermöglicht ihm Reifwerdung, und trotzdem bleibt die schlimme Wunde geschützt, solange es nötig ist.

Wenn das Kind genügend Kraft, Vertrauen und Abstand hat, wird es sich dem heiklen Gebiet irgendwann von sich aus nähern. Bis dahin ist es besser, den Regen aus den kleinen Wolken im Leben des Kindes zu sammeln.

Zusammenfassung

Wenn ein Kind in seiner Reife-Entwicklung ins Stocken geraten ist, hilft uns die Neufeld-Landkarte vom inneren Erleben des Kindes und seinen Bedürfnissen entscheidend weiter. Aus dem Verständnis, das sie uns ermöglicht, ergibt sich der dreigleisige Neufeld-Ansatz:

1) Bindung aufbauen/ pflegen/ wieder aktivieren und dem Kind so die Geborgenheit gefahrloser Abhängigkeit ermöglichen.

2) Die derzeitige Unreife des Kindes ausgleichen, indem wir sein Leben so gestalten, dass es nicht ständig wegen seiner Unreife in Schwierigkeiten gerät. Das kann beim Kleinkind bedeuten, dass wir die Wohnung kindersicher machen, und beim entwicklungsblockierten, coolen Jugendlichen, dass wir lieber auf gute Bindung und klare Verhaltensvorgaben setzen, als uns auf eine Selbstdisziplin zu verlassen, die er derzeit mangels Reife nicht leisten kann.

3) Reifwerdung fördern. Dies tun wir, indem wir :
   • Gute Absichten wecken
   • Gemischte Gefühle hervorlocken
   • Vergeblichkeit einsinken lassen (»Tanz der Tränen«)

4) Entwicklungsblockaden lösen
Wir können die Entwicklungsblockaden nicht aktiv lösen, aber versuchen, ein dafür günstiges Umfeld zu schaffen.

- Wir schützen das Kind vor vermeidbaren Überforderungen seiner Verletzlichkeit.
- Wir vermitteln dem Kind, dass es sich lohnt, verletzliche Gefühle zuzulassen.
- Wir machen Verletzlichkeit ungefährlich.
- Wir leben unsere eigene Offenheit für Verletzlichkeit vor.
- Wir laden dazu ein, das Leben verletzlicher zu erleben.
- Wir berühren sanft die kleinen Schrammen und schonen die großen Wunden.

Häufigstes Vorurteil: »Dieses Kind ist einfach ein kleiner Teufel!«

Wichtigste Regel: Mit guter Bindung, Ausgleich der Unreife und Lösung der Entwicklungsblockaden ist auch das »schwierigste« Verhalten heilbar. Dabei unentbehrlich: Vertrauen und Geduld.

Kapitel 7:
Häufige Kindheitsprobleme im Lichte des Neufeld-Ansatzes

Unreife als Ursache für Verhaltensprobleme

Wenn Ihr Kind gut an Sie gebunden ist, hat es im Grunde gar keinen anderen Wunsch, als es Ihnen recht zu machen. Alle Verhaltensweisen, von denen Sie den Eindruck haben, Ihr Kind handele mit voller Absicht, »um Sie zu ärgern«, führen damit zurück zu Kapitel 2 – wenn Ihr Kind den Impuls hat, Sie zu ärgern, stimmt etwas mit der Bindung nicht. Das bedeutet dann für uns: Zurück zum Start: Augenkontakt Lächeln, Nicken... (siehe Seite 40). Aber wir alle wissen, dass Kinder die besten Absichten haben können – und im nächsten Moment doch anders handeln.

»Lisa, du hast doch deinen Bruder lieb, den willst du doch nicht schlagen, oder?« – »Nein, Mama, ich schlag' ihn nie mehr!« – Das hat der große Bruder Matthias gehört. Grinsend kommt er herbei und lästert: »Glaub ich nicht, kleine Schlägerliesl!« – Wütend fährt Lisa auf ihn los und drischt mit beiden Fäusten auf ihn ein. »Nein, ich schlag' dich nicht mehr!«, ruft sie dabei.

Hat es Sinn, Lisa jetzt zu bestrafen? Sie hat die besten Absichten. Dass sie mit ihren fünf Jahren noch nicht in der Lage ist, diese Absichten umzusetzen, ist völlig normal. Das menschliche Gehirn ist erst ab dem 7. Lebensjahr so weit ausgereift, dass (zunächst nur kleine) Gefühle sich im Bewusstsein mischen können. Und wenn die Bedingungen für die Reifwerdung nicht günstig waren, sind selbst Jugendliche und Erwachsene ihren Impulsen hilflos ausgeliefert. Wenn jemand so frustriert ist, dass er gern zuschlagen möchte, und sein Gehirn nicht in der Lage ist, ihm gleichzeitig als warnendes Gefühl die Erkenntnis zu Bewusstsein zu bringen: »Lass das, das gibt Ärger!« – dann nimmt das Unheil seinen Lauf.

Es hat also keinen Sinn, Reife zu fordern: »*Jetzt benimm dich doch nicht wie ein Kleinkind!*« – wir könnten genauso gut mit der Tomate schimpfen, weil sie immer noch nicht rot ist. Die Bedingungen haben eben (noch) nicht ausgereicht. Was können wir aber tun? »*Ich kann mir das doch nicht einfach gefallen lassen!*«, sagen viele Eltern ratlos.

Wir haben ja in den ersten Kapiteln gesehen, dass ein Kind nur in Geborgenheit Reife entwickeln kann. Wir geben ihm Geborgenheit satt, und während wir darauf warten, dass sich auf diesem Nährboden die Reife entwickelt, sorgen wir dafür, dass unserem Kind seine Unreife nicht zum Nachteil wird. Wir kompensieren die Unreife, wir gleichen sie aus, so dass sie sich nicht schädigend auswirkt. Wenn wir also beobachten, dass unser zweijähriges Kind auf dem großen Spielplatz mit all den Kindern überfordert ist und beginnt, die anderen zu hauen, dann lassen wir es lieber an einem ruhigeren Ort im Sand buddeln und heben uns den großen Spielplatz für später auf. Wenn wir merken, dass unsere Zwölfjährige es nicht schafft, ihre Hausarbeiten allein zu organisieren, dann helfen wir ihr, sich an festen Regeln und Rituale festzuhalten. »*Erst zu Mittag essen und erzählen, dann 10 Minuten auf's Trampolin, dann die grüne Hausaufgabenjacke anziehen, die Hausaufgabenmusik anschalten und los geht's...*«

Wenn unser Kind einen Wutanfall bekommt, dann bleiben wir gelassen und handeln so, wie wir mit einem Kind umgehen würden, das einen krankheitsbedingten »Anfall« bekommt: Wir sorgen dafür, dass niemand verletzt wird und das Geschirr heile bleibt. Wir bleiben bei dem Kind und vermitteln ihm »*Ich bin da*«, »*Das stehen wir gemeinsam durch, unsere Beziehung ist größer als diese Probleme.*« Wir benennen das Problem, ohne das Kind abzuwerten: »*Die Frustration war größer als du.*« – »*Oh, das war jetzt so schlimm für dich.*«

Aggression in jeder Form

Aggression hat viele Gesichter. Nicht nur Treten, Spucken, Beißen, Schlagen, Selbstmordgedanken und Gewaltfantasien sind Aggression, sondern auch Vorwürfe, Anschweigen, Hohn, Verachtung, Liebesentzug oder das Knüpfen von »Liebe« an Bedingungen. Es gibt nicht nur aggressive Kinder, sondern auch aggressive Eltern.

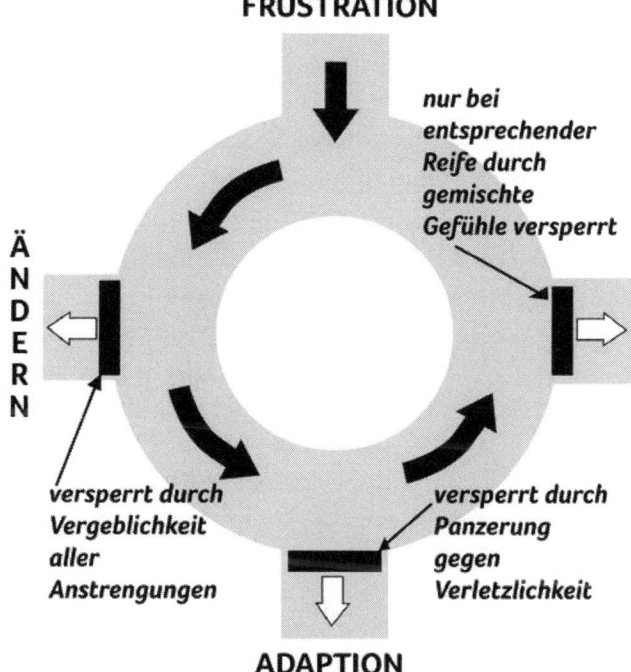

Abbildung 8: Die Ursache von Aggression ist IMMER Frustration, an deren Ursache nichts geändert werden UND bei der die Traurigkeit nicht gespürt werden kann UND wo die aggressiven Impulse ungezügelt sind, zumindest im Augenblick.

Aggression, so wie wir den Begriff hier benutzen, ist der destruktive Ausdruck unserer Lebensenergie. Diese Lebensenergie fließt, bis sie auf ein Hindernis stößt: Wir sind mit einer Vergeblichkeit konfrontiert, kurz gesagt, wir sind frustriert (von lateinisch »frustra«, vergeblich). Dadurch wird der Fluss gestaut, und in uns entsteht der starke Drang, unsere Energie wieder ins Fließen zu bringen. Neufeld veranschaulicht diesen Zusammenhang mit seinem Frustrations-Kreisverkehr (siehe Abbildung 8). Die erste entscheidende Erkenntnis aus dieser Abbildung lautet:

Die Ursache von Aggression ist IMMER Frustration.

Das ändert alles. Die Ursache von Aggression sind nicht die schlechten Gene, Dummheit oder ein schlechter Charakter, sondern Frustration, gestaute Lebensenergie. Punkt. Wenn wir uns den Kreisverkehr dann etwas genauer anschauen, können wir den Satz erweitern zu:

Die Ursache von Aggression ist IMMER Frustration, an deren Ursache nichts geändert werden und bei der die Traurigkeit nicht gespürt werden kann.

Wir haben in Kapitel 5 schon geschildert, wie die kleine Lisa erst versuchte, die Frustration loszuwerden, indem sie die Situation änderte (siehe Seite 72f.). Als das nicht klappte, löste sich der Energiestau in Tränen auf – Lisa fühlte, wie frustriert sie darüber war, dass sie keinen Teig mehr bekam. Matthias hingegen stand dieser Ausweg der Tränen in dem Moment nicht offen, daher entlud sich die gestaute Energie in Form von Aggression. So simpel dieser Kreislauf ist, er hat grundlegende Gültigkeit.

Aber wir erleben als Eltern ja auch viele Situationen, wo wir selbst zutiefst frustriert sind, die frustrierenden Umstände nicht ändern können, nicht weinen können und es trotzdem schaffen, nicht aggressiv zu werden. Was passiert denn dann? Der dritte Ausgang für Frustration, die Aggression, wird bei reifen Menschen verschlossen gehalten durch das Andererseits unserer Gefühle. *»Ich bin wütend auf ihn, aber ich liebe ihn auch.« – »Ich hätte jetzt eine bittere Bemerkung auf der Zunge, aber ich will der Beziehung nicht schaden.« – »Sie hat mir sehr wehgetan, aber sie kann das noch nicht verstehen.«*

Unsere gestaute Energie dreht also noch mehr (manchmal viele!) Runden, bis wir entweder doch eine Lösung finden, oder über die Frustration weinen können – oder schließlich doch noch in Aggression explodieren, weil wir die Mischung unserer Gefühle nicht mehr aufrechterhalten können. Dabei gibt es, Gott sei Dank, auch harmlose Formen der Aggressionsabfuhr – viele Menschen treiben zu diesem Zweck regelmäßig Sport.

In Kapitel 1 (siehe Seite 20) haben wir gesehen, dass dieses Mischen der Gefühle, das impulsive Aggressivität bremsen kann, frühestens mit sechs Jahren beginnt. Wir erweitern also unseren Satz zu:

Die Ursache von Aggression ist immer Frustration, an deren Ursache nichts geändert werden und bei der die Traurigkeit nicht gespürt werden kann und wo die aggressiven Impulse unmäßigt sind, zumindest im Augenblick.

Was bedeutet das für den Umgang mit Aggression bei unseren Kindern?

1) Wir können lernen, Aggression nicht persönlich zu nehmen und gelassen zu bleiben. Unser aggressives Kind (und jeder andere aggressive Mitmensch) ist sehr frustriert, kann an der Ursache – jetzt – nichts ändern, hat – noch – nicht zu seinen erlösenden Tränen gefunden und schafft es – im Moment – nicht, seine aggressiven Impulse zu mäßigen. All das hat mit uns erst einmal gar nichts zu tun.

2) Strafen haben die Funktion, das Kind so zu frustrieren, dass es sich anders verhält, um diese Frustration zu vermeiden. Aber wenn das Kind schon von der grundlegenden Frustration so überfordert war, dass sich die Energie nur als Aggression entladen konnte – was passiert dann mit »noch mehr Frustration«? Das ist ein bisschen so, als würden wir sagen: »*Oh, ich sehe, die Tasche ist zu schwer für ich, warte, ich geb' dir noch den Koffer dazu, vielleicht geht's dann besser.*«

3) Wir haben keine Kontrolle über ein Kind, das sich selbst nicht unter Kontrolle hat. Das heißt, wenn das Segelboot im Gefühlssturm schlingert, ist das nicht der richtige Zeitpunkt, um unsere Erziehungsziele anzusteuern. Stattdessen können wir nüchtern überlegen: Warum ist das Kind frustriert? Kann ich vielleicht an den Umständen etwas ändern?

Wenn nein: Kann ich dem Kind helfen, seine Trauer zu fühlen? *»Das ist soo schade, hm? Das versteh ich gut! Kein Teigschlecken mehr für die kleine Lisa!«* siehe Seite 72f.

Wenn nein: Wie kann ich dem Kind helfen, seine Aggression auf harmlose Weise abfließen zu lassen — auf den Boxsack schlagen, zum Trampolin gehen, ein wildes Fußballspiel?

Außerdem frage ich mich dann: Warum wird der Aggressionsausbruch nicht durch gemischte Gefühle verhindert? Dafür gibt es im Prinzip nur drei mögliche Gründe.

Erstens, das Kind ist so jung (unter 7 Jahren) oder so unreif, dass sein Gehirn die Möglichkeit zu gemischten Gefühlen einfach noch nicht hat. Kein Grund zur Sorge, ich bin ja da, um ihm Geborgenheit zu geben, so dass es (nach-) reifen kann.

Zweitens, das Kind hat gar keine Andererseits-Gefühle, die es mischen könnte, oder sie sind ihm nicht bewusst. Dann ist es meine Aufgabe, bei guter Gelegenheit (nicht jetzt im Gefühlssturm!) diese Andererseits-Gefühle zu nähren und gute Absichten zu wecken *»Wie wär's, wenn wir uns alle nochmal ganz fest vornehmen, keine Schimpfwörter zu benutzen? Lisa, machst du auch mit?«* (siehe Seite 76).

Drittens, das Kind hat zwar Andererseits-Gefühle, aber die Frustration ist so groß, dass der Vulkan trotzdem ausbricht. *»Du bist gemein! Ich will den mickrigen Schaber nicht! Und den Kuchen ess' ich auch nicht! Blöde Kuh!«* (siehe Seite 74) Hier kann ich helfen, den Ausbruch unschädlich zu gestalten bzw. die Situation möglichst bald zu beenden und das unreife Verhalten zu überbrücken. *»Matthias, stell dir vor, Omas Katze hat ihre Jungen bekommen! Wir wollen gleich nach dem Mittagessen hin und sie anschauen! Holst* *du den alten Weidenkorb noch aus dem Schuppen?«* (Seite 75; siehe auch Kapitel 6, Dreigleisiger Neufeld-Ansatz)

Merken Sie etwas? Es gibt eigentlich in keiner Situation die erzieherische Notwendigkeit, uns persönlich angegriffen zu fühlen oder das aggressive Kind als Person in Frage zu stellen. Klar haben wir auch als Erwachsene unsere empfindlichen Punkte, aber dafür kann das Kind nichts. Seine Aggression ist der Versuch, die gestaute Frustrationsenergie loszuwerden – wir können ihm helfen, den Schaden zu minimieren und dafür zu sorgen, dass die gestaute Energie in Zukunft eher über konstruktives Ändern der Situation oder über erlösende Tränen abfließt.

Dabei muss uns klar sein, wie viele Situationen ein Kind täglich erlebt, in denen es nichts an den Umständen ändern kann. Umso wichtiger ist es daher, dass es genügend Weichheit besitzt, um sich in unseren Armen den Frust von der Seele zu weinen. Leider glauben viele Eltern heute, wenn ihr Kind weint, hätten sie als Eltern versagt. Aber diese entspannenden, lösenden Oh wie schade-Tränen, in denen es die Vergeblichkeit seines Strebens fühlt und loslässt, sind das kostbarste Hilfsmittel zur Reifwerdung, das unser Kind besitzt. Bei älteren Kindern und Erwachsenen müssen Tränen nicht immer buchstäblich fließen, aber die Trauer muss gefühlt werden.

Richtlinien bei aggressivem Verhalten:

1. Versuchen Sie nicht, in der Situation selbst Entwicklungsschritte zu erreichen, sondern nur, weitere Eskalation zu verhindern und keinen Schaden für die Beziehung anzurichten.

2. Stellen Sie keine Forderungen, solange das Kind »außer sich« ist.

3. Erkennen Sie die Frustration des Kindes an.

4. Bewahren Sie die Verbindung und vermitteln Sie in Ton und Gesten, dass die Beziehung das Problem verkraftet.

5. Nehmen Sie Angriffe gegen sich nicht persönlich und drücken Sie das auch aus. Bewahren Sie Würde.

6. Behandeln Sie Aggressionsausbrüche als Probleme im Umgang mit Frustration.

7. Helfer bleiben, nicht als Opfer reagieren oder zurückschlagen.

8. Bereiten Sie zukünftige Interaktionen und Interventionen vor.

Mehr zum Thema Aggression erfahren Sie in dem vierstündigen Videoseminar *Aggression verstehen* von Gordon Neufeld.

Schüchternheit und Scheu

Missbilligend schaut Tante Mia auf Lisa hinunter: »Willst du mir denn gar nicht Guten Tag sagen? Da bin ich aber traurig!« Die Mutter lacht und streichelt ihrer Tochter, die ihren Kopf an Mamas Hüfte versteckt hat und sich fest an sie klammert, zärtlich den Kopf. »Das ist der eingebaute ‚Böse-Onkels-Schutz‘, Tante Mia, das gibt sich gleich. Lass ihr ein bisschen Zeit!« Während die Mutter und Tante Mia miteinander plaudern und lachen, steht Lisa zunächst still an ihre Mutter geschmiegt. Nach einer Weile wendet sie vorsichtig den Kopf und beobachtet Tante Mia. Tante Mia schaut Mama liebevoll an, redet und lacht, und Lisa spürt, dass auch Mama diese Tante mag. Als Tante Mia ein paar Minuten später wieder zu Lisa schaut und fragt: »Willst du mal sehen, was ich dir mitgebracht habe?«, nickt Lisa vorsichtig – und ein paar Minuten später erzählt sie Tante Mia eifrig von den jungen Kätzchen bei Oma und staunt, als Tante Mia ihr erklärt, dass sie Omas Schwester ist.

Schüchternheit und Scheu dienen dem Schutz vorhandener Bindungen, und Lisas Mutter hat völlig recht: Lisas Fremdel-Reaktion verdeutlicht den eingebauten Böse-Onkel-Schutz unserer Kinder. Die Fremdel-Reaktion setzt um den fünften Lebensmonat herum ein. Von nun an wollen Kinder instinktiv nur zu Menschen eine Bindung aufbauen, zu denen ihre Hauptbezugsperson bereits eine gute Beziehung hat. Die Gesamtheit dieser Menschen bildet quasi das Bindungsdorf des Kindes. Dieser Filter stellt sicher, dass die Bindungen des Kindes zu den bereits vorhandenen Bindungen passen und stellt so einen zuverlässigen Schutz dar. Wenn wir diesen Instinkt unberücksichtigt lassen, kann das zu großen Problemen führen:

Zum einen übergeben wir als Eltern in unserer hektischen und anonymen Gesellschaft unser Kind oft zu hastig an jemanden, den wir selbst kaum kennen. Wir erwarten, dass unser Kind sich von dieser Person genauso führen und versorgen lässt wie von uns. Aber Kinder brauchen die Brücke, ihre Eltern im guten Kontakt mit dem neuen Menschen zu erleben – offizielle Zuständigkeiten und Rollen sind für sie viel zu abstrakt. Von daher ist die Eingewöhnungszeit im Kindergarten sehr wichtig. Die dafür nötige Zeitspanne kann sich deutlich verkürzen, wenn das Kind Mutter und Erzieherin in herzlichem Kontakt erlebt, anstatt mehr oder weniger stillschweigende gegenseitige Missbilligung und Konkurrenz zu spüren. Auch in der Schule wäre es von zentraler Bedeutung, dass die Kinder in dem Gefühl leben können, dass ihre Schule auch die Schule ihrer Eltern ist und Lehrer und Eltern gemeinsam an einem Strang ziehen. Hier kann auf beiden Seiten noch viel getan werden.

Zum anderen kann das instinktive, unbewusste Festhalten an der bisherigen Bindung die Aufnahme neuer Bindungen verhindern. Diese Gefahr ist vielen Stief-, Patchwork-, Pflege- und Adoptiveltern leider zu wenig bewusst. Ein Kind mit Trennungserfahrungen klammert sich oft an eine bestehende Bindung, es ist im doppelten Wortsinne ‚reserviert' und weigert sich, eine neue Bindung einzugehen. Bei manchen Kindern ist die Bindung, die sie durch ihre Verweigerung zu schützen versuchen, sogar eine Fantasiebindung, wenn sie z.B. ihre Mutter sehr früh verloren haben.

Wenn wir diesen Zusammenhang durchschauen, ist die Lösung einfach, wenn auch die Umsetzung nicht immer leicht ist: Wieder bauen wir dem Kind eine Brücke und geben ihm das Ge-

105

fühl, dass wir und die geschützte Bindung zusammengehören. Die Pflegemutter kann zum Beispiel die leibliche Mutter anerkennen: *»Deine Mutter muss eine sehr hübsche Frau sein, ich glaube, du hast ihre Augen!«* Der Patchwork-Vater kann dem Kind seiner Partnerin vermitteln, dass der leibliche Vater seine Wertschätzung hat: *»Das hat dir dein Papa gebaut? Der ist aber geschickt! Schau, dies ist ein Modellschiff, das ich gebaut habe. Das würde deinem Papa sicher auch gefallen.«*

Stattdessen wollen wir manchmal das Kind für uns gewinnen, indem wir ihm klar machen, dass seine bisherigen Bindungen ihm nicht gut tun. Vielleicht versuchen wir sogar, es von seiner Zuneigung abzubringen. Dazu werden gerade Pflegekinder oft länger als nötig von den leiblichen Eltern getrennt, und ihnen wird aufgezählt, wie sehr diese versagt haben. Dabei ist es für das Kind viel leichter, sich auf eine neue Beziehung einzulassen, wenn diese nicht im (gefühlten) Konflikt zur bestehenden Hauptbindung steht! Indem es die neue Bindung eingeht und hier Verlässlichkeit und Geborgenheit erfährt, kann auch ein Kind aus sehr schwierigen Verhältnissen neuen Halt finden, ohne innerlich seine Eltern verraten zu müssen. Falls die bisherige Hauptbezugsperson sich wenig kooperativ verhält, ist das zwar schade, aber wir können dieses Brückenschlagen auch einseitig vornehmen.

Ängste

»Papa, ich kann gar nicht einschlafen! Der Vorhang bauscht sich immer so komisch, als wär' da jemand!« Der Vater lächelt seinen Elfjährigen verständnisvoll an – der Wechsel in die neue Schule ist offenbar eine Herausforderung, die erst einmal bewältigt werden muss und sagt an seinen Sohn gewandt: *»Oh ja Matthias, das kenne ich – manchmal ist man innerlich so unruhig, dass man überall Gespenster sieht. Oma hat doch diese geblümten Vorhänge, weißt du? Als ich noch ein Kind war, flatterten die auch manchmal so komisch. Ich musste dann all meinen Mut zusammennehmen. Und immer vor einer Klassenarbeit flatter-*

te es besonders stark!«. Matthias schaut erleichtert – wenn Papa das kennt, muss er sich nicht schämen. »Pass auf, Matthias, ich mach dir hier die Nachttischlampe an. Und ich lass die Tür zum Wohnzimmer offen, dann kannst du meine Musik noch ein bisschen hören. In 10 Minuten schau ich dann nochmal nach dir. Jetzt nehm' ich dich nochmal ganz fest in die Arme, und morgen nach der Schule spielen wir beide endlich mal wieder Scrabble!« Innerlich beschließt der Vater sich, sich dabei viel über die neue Schule erzählen zu lassen, damit sein Sohn schneller wieder ins Gleichgewicht kommt.

Entscheidend für den Umgang mit Ängsten (und anderen Gefühlen) ist, dass Gefühle sich nicht an- und abstellen lassen und normalerweise nicht auf rationale Argumente reagieren. Anstatt also ein vorhandenes Gefühl wegdiskutieren zu wollen – »Davor brauchst du doch keine Angst zu haben!« – »Du bist doch kein kleines Kind mehr!« – »Nun reiß' dich mal zusammen!« –erkennen wir erst einmal an, was ist »Ich kann gut verstehen, dass du dich vor der Mathearbeit fürchtest. Das ging mir auch oft so, man weiß einfach nie, wie's laufen wird.« Dann muss sich unser Kind nicht auch noch für seine Angst schämen – und es fühlt sich von uns getragen. Gleichzeitig geben wir dem Kind so viel Geborgenheit wie möglich und stärken ihm so den Rücken »Ich werde ab halb zehn ganz intensiv an dich denken, dass du dich gut konzentrieren kannst. Und morgen Mittag gibt es dein Lieblingsessen! Soll ich dich jetzt noch einmal abfragen?«. Und letztlich locken wir alle Gefühle hervor, die für ein Andererseits stehen »Stell dir mal vor, wie froh du morgen sein wirst, wenn du es hinter dir hast! Dann hat sich all die Lernerei gelohnt.«

Aufmerksamkeits-Störungen

»Der Junge kriegt nichts mit – zum einen Ohr rein, zum anderen wieder raus. Und wenn ich ernsthaft mit ihm reden will, fängt er erst recht an, herumzuzappeln! Er kann einfach nicht zuhören.« – »Meiner ist eher still, aber er kriegt auch nichts mit, ein richtiger Hans-guck-in-die-Luft – ständig mit seinen eigenen Gedanken beschäftigt.«

Kennen Sie solche Kinder? Vor einigen Jahrzehnten ging man noch davon aus, dass mit ihrem Gehirn etwas nicht stimmen würde – heute wissen wir es, dank moderner Gehirnforschung, besser. In Kapitel 5 haben wir bereits das körpereigene Alarmsystem kennengelernt (siehe Seite 68). Jetzt schauen wir noch etwas genauer hin: In jeder Sekunde erreichen uns viel mehr Reize, als unser Bewusstsein verarbeiten kann. Deswegen wirken im Gehirn je nach Situation Filter, die nur das vor den Thron des Bewusstseins lassen, was jetzt gerade wichtig ist. Ein hungriges Kind sieht (und riecht!) überall Essen, ein ängstliches Kind hört überall unheimliche Geräusche, ein einsames Kind sucht überall Nähe und Geborgenheit und interessiert sich für nichts anderes.

Aufmerksamkeits-Störungen und Verletzlichkeit

Dieses Filtersystem ist genial – aber heute wird bei vielen Kindern gerade das Bedürfnis nach Nähe und Geborgenheit nicht durchgängig erfüllt. Manche Kinder stoßen schon im Kindergarten auf Ablehnung und Ausgrenzung und erleben Trennung in vielfältiger Form so intensiv, dass ihr Gehirn mit der Verarbeitung überfordert ist. Unter solchen Bedingungen kann diese Filterfunktion unseres Alarmsystems für einen anderen Zweck umgewidmet werden: Das Alarmsystem sortiert jetzt einfach alle Wahrnehmungen aus, die zu Gefühlen der Verletzung und des (emotionalen) Schmerzes führen könnten, und sorgt dafür, dass sie dem Kind gerade NICHT bewusst werden. Der Schutz des Kindes vor überwältigenden Verletzungsgefühlen bekommt oberste Priorität. Das Kind wird quasi blind und taub für alles, was ihm wehtun könnte – eine Notmaßnahme, die Kindern hilft, in verletzender Umgebung zu überleben. Sie hat jedoch offensichtliche, schwerwiegende Nachteile für seine Reifwerdung.

Vermutlich fallen Ihnen ohne langes Nachdenken auch Erwachsene ein, die so sind: Ein solcher Erwachsener redet auf uns ein, ohne unsere Signale »Prima, aber ich muss jetzt wirklich los... «, »Also, dann mach's mal gut...« im Mindesten zu beachten. Er scheint sie gar nicht zu hören, sein Gehirn verschiebt unsere Versuche, das Gespräch zu beenden, selbsttätig in einen Spam-Ordner, um die verletzende Botschaft *»Ich will jetzt grad nicht mit dir reden«* nicht verdauen zu müssen. Natürlich führt das letzten Endes dazu, dass wir mit einem solchen Menschen ungern zu tun haben, was für ihn den Bedarf an Panzerung noch erhöht.

Entscheidend für uns ist die Erkenntnis, dass ein solches »unaufmerksames« Kind nicht absichtlich weghört, sondern durch eine Schutzvorkehrung im Gehirn daran gehindert wird, seine Aufmerksamkeit auf irgendetwas zu lenken, das ihm weh-tun könnte. Das erklärt auch, warum dasselbe Kind, das unfähig ist, sich von der Lehrerin die Fehler in der Klassenarbeit (Aua!) erläutern zu lassen, nachmittags viele Stunden lang hochkon-zentriert vor einem Computerspiel sitzen kann: Auch wenn es am Bildschirm blutig zugeht, drohen hier keine emotionalen Verwun-dungen, weil Computerspiele als Endlosschleifen für das gehirnin-terne Belohnungssystem programmiert sind (Näheres zum Thema Digitale Medien finden Sie in der überarbeiteten und erweiterten Neuauflage des Werkes von Gordon Neufeld und Gabor Maté *Unsere Kinder brauchen uns!*).

Aufmerksamkeits-Störungen, die sich unter emotionalem Stress verstärken, signalisieren uns: Dieses Kind ist mit mehr Ver-letzungen konfrontiert, als es aushalten kann, und sein Alarmsys-tem wurde zweckentfremdet: Es warnt nicht mehr vor Verlet-zungsgefahr, sondern sortiert unangenehme Signale aus. Diesem Kind können wir nicht mit Strafen und Aufmerksamkeitstraining helfen, denn dann hätte es noch mehr Anlass, sich vor unerträgli-chen Verletzungen zu schützen, sondern nur, indem wir dafür sor-gen, dass es emotionale Geborgenheit und Sicherheit erfährt.

Aufmerksamkeits-Störungen und Hochsensitivität

Doch es gibt noch einen anderen Grund für Aufmerksamkeits-Störungen. Wir haben gesehen, dass unsere Sinne ständig viel mehr Informationen aufnehmen, als unser Bewusstsein verarbeiten kann. Bei einem hochsensitiven Kind ist diese Reizüberflutung noch vervielfacht. Entsprechend schwer fällt es ihm, aus diesem überwältigenden Reizstrom das herauszufiltern, worauf es jetzt gerade ankommt. Für Kinder, die aufgrund ihrer hohen Sensitivität sozusagen die Flöhe husten und das Gras wachsen hören, kann es eine erhebliche Zusatzanstrengung bedeuten, gleichzeitig noch aus Gesprächsgeräuschen Worte herauszufiltern und diesen dann einen Sinn zuzuordnen.

Wir erkennen diese Kinder daran, dass sich ihre »Unaufmerksamkeit« in Situationen mit vielen Außenreizen verstärkt – der durchschnittliche Geräuschpegel in einer Schulklasse oder Kindergartengruppe kann für sie bereits viel zu viel sein. Aufgrund der vielen Reize, die ihrem Bewusstsein gemeldet werden, bekommen sie beim besten Willen nicht mit, was die Lehrerin sagt. Die Gefahr ist groß, dass sie irgendwann frustriert und genervt aufgeben und sich vor der Überreizung in ihre eigene, meist sehr reiche Gedankenwelt flüchten. Sie mögen es meist nicht, mit vielen Leuten zusammen zu sein, sind gern für sich und scheinen in ihrer eigenen Welt zu leben – sie haben eine solche Informationsfülle zu verarbeiten, dass sie sehr viel mehr Zeit für sich brauchen, bevor sie sich anderen Menschen wirklich zuwenden können.

Wenn ein solches Kind ständig mit seiner Art aneckt, bestraft oder ausgegrenzt wird, kann sich zusätzlich noch der zuvor beschriebene Schutz vor Verletzlichkeit ausbilden, so dass die Aufmerksamkeit auf zwei Ebenen abgelenkt wird.

Noch einmal, weil es so wichtig ist: Kein Kind kann diese Mechanismen willentlich an- oder abstellen, Predigten und Strafen nützen daher gar nichts!

Ein Wort zu Ritalin

Ritalin funktioniert physiologisch wie ein Verstärker für das Alarmsystem. Für ein Kind, dessen Alarmsystem chronisch auf Hochtouren läuft, ist Ritalin damit der Tropfen, der das Fass zum Überlaufen bringt. Das Alarmsystem bricht kurzfristig zusammen, das Kind spürt keine Unruhe mehr und kann sich, solange die Wirkung anhält, ruhiger verhalten und sogar auf Lernstoff konzentrieren. Ein Kind braucht aber seine Gefühle, um sich entwickeln zu können. Ritalin heilt die Ursachen für die Aufmerksamkeits-Störungen nicht, sondern wirkt einzig auf der Symptomebene. Das kann in bestimmten Situationen als vorübergehende Maßnahme sinnvoll sein, um die Gesamtsituation zu entspannen. Der Preis hierfür, die Unterdrückung des Alarmsystems, damit der Gefühle und damit der Reifwerdung, ist jedoch sehr hoch.

Tyrannen und Opfer

Für viele Eltern ist es ein Albtraum, wenn ihr Kind in der Schule oder auf dem Spielplatz von anderen Kindern bedroht, beraubt oder gar misshandelt wird. Und wenn das eigene Kind sich selbst wie ein Tyrann aufführt, ist das natürlich ebenfalls ein Anlass zu großer Sorge. Die dahinterstehende Dynamik hängt genauso mit überwältigender Verletzlichkeit zusammen. Wir haben in Kapitel 3 besprochen, dass die Panzerung gegen Verletzlichkeit zu einem Verlust der weichen Gefühle und damit der entscheidenden Reifungsmöglichkeiten führt.

Ob aus einem solchen Kind ein Tyrann oder eher ein Opfer wird, hängt von anderen Faktoren ab: In Kapitel 4 im Abschnitt über die Alpha-Position (Seite 61ff.) wurde deutlich, dass manche Kinder früh selbst die Verantwortung für sich übernehmen und diese Rolle dann zwanghaft überall einnehmen wollen, weil sie ihnen sicherer erscheint. Ein so geprägtes Kind will über andere herrschen. Da es aber aufgrund der emotionalen Verletzungen, denen es ausgesetzt ist, das weiche Gefühl der Fürsorglichkeit für

Schwächere nicht mehr empfindet, herrscht es über Schwächere nicht als großzügiger, beschützender Alpha-König, sondern als furchteinflößender Tyrann.

Umgekehrt verhält es sich beim Opfer-Typ: Manche Kinder machen schon früh die Erfahrung, dass sie am ehesten klarkommen, wenn sie sich kleinmachen und dem Stärksten unterwerfen. Dies ist ein sinnvoller Instinkt, denn normalerweise geht die Alpha-Position des Stärksten ja mit Fürsorglichkeit für den Schwächeren einher. Wenn dieses Kind jedoch an einen Tyrannen gerät, der eben nicht mehr fürsorglich ist, entsteht schnell ein Teufelskreis: Das Opfer versucht sich immer noch kleiner zu machen und noch vollständiger zu unterwerfen, in der Hoffnung auf Fürsorglichkeit, der Tyrann genießt mit jeder Unterwerfungsgeste seine Macht noch mehr. Da auch das Opfer nicht mehr in Kontakt mit seinen Gefühlen ist, kann es aus negativen Erfahrungen nicht lernen, sondern versucht hilflos immer weiter, sich noch mehr unterzuordnen. Der Tyrann ist jedoch nie zufrieden, denn sein eigentliches Problem, die fehlende Geborgenheit, wird durch noch so viel furchtsame Ergebenheit nicht gelöst.

Bei einer solchen Konstellation sind wir als fürsorgliche und verantwortungsvolle Alpha-Erwachsene gefragt. Denn erst wenn das Opfer wie der Tyrann jemanden haben, bei dem sie sich sicher und geborgen entspannen können, kann sich diese Dynamik auflösen. Nur dann kann die chronische Betäubung verletzlicher Gefühle und Ausblendung von verletzenden Wahrnehmungen, die Tyrann und Opfer gemeinsam haben, einer Offenheit für Verletzlichkeit weichen und die Reifwerdung sich fortsetzen.

Einschlafprobleme

»Mama, noch eine Geschichte!«, »Papa, ich kann nicht einschlafen.« – »Mama, ich habe Durst!« und so weiter...

Die nächtliche Trennung ist für viele Kinder ein Problem. Sie sind einfach nicht darauf angelegt, allein zu schlafen, und mal ehrlich: Auch viele Erwachsene genießen es, nachts ihren Partner neben sich zu spüren, und schlafen schlechter, wenn sie allein sind. Diese Gefühle können wir unserem Kind weder verbieten noch austreiben. Wir können nur darauf hinwirken, dass es auch noch andere Gefühle gibt, die das Unbehagen aufwiegen, bis das Kind reif genug ist, nachts nicht mehr unsere körperliche Anwesenheit zu brauchen, um sich sicher zu fühlen.

Wenn unser Kind lernen soll, zufrieden in seinem eigenen Bett zu schlafen, geht es also nicht darum, dem Kind beizubringen, mit Trennung fertig zu werden. Sondern wir überbrücken die räumliche Trennung und helfen unserem Kind, sich trotzdem mit uns verbunden zu fühlen. *»Ich lasse die Tür offen, dann kannst du Papa und mich noch hören, während wir die Küche aufräumen.«* – *»Ich komme in 10 Minuten nochmal nach dir schauen, ob du noch wach bist. Bis gleich!«* Und wir bereiten die Trennung vor bzw. nach: *»Mama und ich haben gestern Nacht noch nach dir geschaut und dich zugedeckt.«* – *»Oh, ich habe gestern Nacht so wunderschön von dir geträumt, wir waren zusammen bei dem Pony auf der großen Wiese. Mal sehen, ob wir uns heute Nacht wieder im Traum treffen!«*

Entscheidend ist, dass wir wissen: Der Weg zu echter Unabhängigkeit und Eigenständigkeit führt nicht über die Unterdrückung der Bedürfnisse nach Geborgenheit, sondern über ihre Erfüllung.

Ess-Störungen

Liebe geht durch den Magen, diesen Satz kennen wir alle. Er gilt auch umgekehrt: Wenn Kindern in der Beziehung zu uns etwas nicht schmeckt oder andere Menschen, z.B. die Gleichaltrigen, ihnen wichtiger geworden sind als ihre Eltern, entwickeln Kinder leicht Ess-Störungen. Sie wollen sich buchstäblich nicht mehr von uns und an unserem Tisch nähren lassen. Oder sie versuchen, fehlende Nähe durch Essen zu ersetzen. Diese Vorgänge sind weitgehend unbewusst und können vom Kind nicht gesteuert werden.

»Lisa, probier' doch mal den Spargel! Er ist so köstlich!« Vorsichtig beißt Lisa in ein kleines Stück Spargel. Ihre Mutter kann sehen, wie es sie buchstäblich schüttelt. Lisa verzieht das Gesicht: »Uh, nein, Mama, das schmeckt mir nicht!« – »Sei nicht traurig, Lisa, es gibt Speisen, die schmecken vielen Kindern erst, wenn sie größer sind. Ich mochte als Kind zum Beispiel keine Pilze. Du wirst sehen: Je älter du wirst, umso mehr Gerichte magst du essen.«

Es fördert weder die Motivation noch die Verdauung, wenn das Essen Gegenstand eines Machtkampfes ist. Sie können natürlich auch ganz anders vorgehen als Lisas Mutter und klare Regeln setzen, die Ihnen wichtig sind.

Entscheidend ist nur, dass Ihnen bewusst ist: Probleme mit dem Essen sind oft Symptome für Machtkämpfe in der Bindung. Über das Essen kann man leicht Geborgenheit herstellen. Nicht umsonst werden wir in den richtig teuren Restaurants umsorgt und bedient, als wären wir Kleinkinder, und die Mutter, die für alle am Tisch die Suppe schöpft, ist Symbol für Geborgenheit und Sicherheit.

Gordon Neufeld berichtet, dass alle Mädchen mit Magersucht, die er in seiner über vierzigjährigen Praxis erlebte, Probleme damit hatten, sich von ihrer Mutter umsorgen zu lassen und sich bei ihr anzulehnen. Sie alle pochten stattdessen auf ihre Eigenständigkeit (Alpha-Position), die ihnen jedoch gleichzeitig Angst machte. Magersüchtige erleben sich subjektiv oft als zu gewichtig und zu schwierig und möchten es ihrer Umgebung leicht machen, mit ihnen klarzukommen.Wenn Essen bei Ihnen ein Thema geworden ist, prüfen Sie daher als erstes, ob Ihr Kind sich bei Ihnen im Bedarfsfall Trost und Nähe holt oder ob es sich als verantwortlicher Herrscher des Haushaltes fühlt.

Trotz

Manchmal erleben wir goldene Zeitabschnitte, und zwar immer dann, wenn das Kind an unseren Lippen hängt, unsere Nähe sucht, unsere Hinweise und Anweisungen eifrig und freudig befolgt und einfach rundherum mitzieht. Dies sind die Zeiten, wo es gut und stark an uns gebunden ist und sich bei uns aufgehoben und geborgen fühlt. Und es gibt die anderen Zeiten, wo nichts klappt und dasselbe Kind zu allem Nein sagt, allem widerspricht und Anweisungen entweder gar nicht befolgt, im Zeitlupentempo – oder genau das Gegenteil tut.

Trotz oder Gegenwille (eine Bezeichnung des österreichischen Psychologen Otto Rank) ist ein starker menschlicher Instinkt. Er ist darauf ausgelegt, uns vor Fremdbeeinflussung zu schützen, und er wird durch Bindung vermindert – im Krankheitsfall oder bei frisch Verliebten sinkt der Gegenwille praktisch auf null. Dieser Gegenwille-Instinkt soll unsere Individualität und unsere Beziehungen schützen. Wenn unser Kind trotzig reagiert, kann dies folgende Ursachen haben:

a) **Der Druck von außen ist stärker, als die aktuelle Qualität der Bindung hergibt.** Gordon Neufeld beschreibt, wie die neue Schulleiterin seines Sohnes gleich am ersten Schultag, also noch ohne Beziehung zu ihren neuen Schülern, ihre Erwartungen formulierte und sich sehr entschieden gegen Drogen aussprach. Gordons Sohn erzählte prompt zu Hause: »Drogen haben mich noch nie interessiert, aber heute dachte ich, dass ich vielleicht doch mal was probieren sollte.«
Bevor wir also unser Kind mit Forderungen und Erwartungen konfrontieren, ist es gut, zu prüfen, ob die aktuelle Qualität der Bindung tragfähig genug ist. Wenn wir den Bogen überspannen, reagiert unser Kind instinktiv mit Gegenwillen.

b) **Der Druck von außen ist stärker als die innere Motivation des Kindes.** Mit dieser Dynamik hat mein eigener Vater mir, ohne es zu merken, viele Interessen verleidet.
Denn immer, wenn ich Begeisterung für ein Thema erkennen ließ, stürzte sich mein Vater mit Elan darauf, empfahl mir Bücher, plante Unternehmungen – und damit war das Thema

115

für mich bereits wieder gestorben, denn nun gehörte es nicht mehr mir.

c) *»Du hast mir gar nichts zu sagen, du bist nicht meine Mami!«* **Jede Forderung löst Gegenwillen aus, wenn sie von jemandem kommt, zu dem das Kind keine Bindung hat.** Diese Dynamik schützt unser Kind davor, sich von Fremden herumkommandieren zu lassen. Eigentlich wunderbar, nur berücksichtigen wir diesen kraftvollen Instinkt in unsere anonymisierten modernen Welt nicht, sondern erwarten von unseren Kindern, dass sie sich ständig von Fremden anweisen und belehren lassen, und dabei kann sich dieser eigentlich sinnvolle Instinkt sehr hemmend auswirken. Als Eltern, Erzieherinnen und Lehrer können wir hier viel bewirken, wenn wir den Grundsatz Bindung vor Weisung (siehe Seite 84) beherzigen und darauf achten, der Beziehung des Kindes zu uns oberste Priorität einzuräumen. Und wenn wir möchten, dass sich unser Kind von anderen etwas sagen lässt, dann sollten wir ihm signalisieren, dass diese anderen zu unserem Bindungsdorf gehören.

Im Klartext: Wenn Eltern zu Hause über den Lehrer ihres Kindes herziehen, können sie nicht erwarten, dass ihr Kind von diesem Lehrer gut lernen kann. Sein Instinkt verbietet es ihm, von Menschen zu lernen, zu denen seine Hauptbezugspersonen keine Bindung haben. Derselbe Effekt stellt sich ein, wenn die wichtigsten Bezugspersonen eines Kindes nicht mehr seine Eltern, sondern Gleichaltrige sind, die ebenfalls nicht an den Lehrer gebunden sind.

d) **Aufgrund innerer Panzerung gegen verletzliche Gefühle ist die Reifwerdung blockiert.** Das Kind weiß im Grunde gar nicht, was es selbst wirklich will, und wehrt sich deswegen instinktiv und wahllos gegen alles, was andere wollen. Dieser grundsätzliche Gegenwille schadet dem Kind sehr, denn es steckt in einer Verweigerungshaltung fest, ohne dass sein eigener schöpferischer Wille stattdessen hervortreten kann. Diesen Kindern helfen wir am besten, indem wir ihnen mit dem dreigleisigen Neufeld-Ansatz Bindung ermöglichen, ihre Unreife kompensieren und ihre Reifwerdung fördern (siehe Kapitel 6).

Geschwisterstreitigkeiten

»Mama, der hat mich...!« – »Mama, aber nur, weil die schon wieder...!« Es ist wunderschön, wenn Geschwister friedlich miteinander spielen und später gemeinsame Projekte angehen. Und es ist extrem nervenaufreibend, wenn Geschwister sich bekriegen, sich gegeneinander verbünden und »wie Hund und Katze« miteinander umgehen. Der Neufeld-Ansatz kann uns hier zwei wichtige Hilfestellungen geben, damit wir als Eltern nicht in die Falle laufen, ständig den Schiedsrichter und Friedensengel spielen zu müssen.

1) Die Ursache von Aggression ist immer Frustration (siehe Seite 99). Das bedeutet für uns, dass wir unseren Kindern helfen, die zugrundeliegende Frustration zu fühlen und andere Wege des Umgangs damit zu finden als Aggression. Diese Frustration kann im Spiel der Kinder entstehen. Matthias ist frustriert, wenn die kleine Lisa ihm seine Bauklotztürme umschmeißt, Lisa ist frustriert, wenn Matthias sie nicht mitspielen lässt. Da hat niemand Recht oder Unrecht. Oft reicht es dann schon, jedem Kind zu helfen, aus den aggressiven Gefühlen in das Spüren der zugrundeliegenden Frustration zu kommen, wie im Beispiel Seite 15 geschildert. Die Kinder lernen so frühzeitig, dass es bei Aggression im Grunde immer um Frustration geht, ohne dass jemand »schuld« sein oder Recht haben muss. Es gibt aber auch Fälle – und sie sind gar nicht so selten–, wo die Frustration woanders liegt. Gordon Neufeld erwähnt in seinem Buch zwei Kinder, die regelmäßig zu streiten begannen, wenn der Vater nach Hause kam. Die Eltern waren entnervt, bis ihnen klar wurde, dass der Streit die »Methode« der Kinder war, sich die Aufmerksamkeit des

Vaters zu sichern. Sowie der Vater sich seinen Kindern von sich aus freiwillig zuwandte und so mit seinem Angebot an Bindung und Nähe der Nachfrage zuvorkam, hörte das Streiten auf.

2) Auch die Bindung unter Geschwistern ist hierarchisch geordnet (siehe Seite 29).
Viele Eltern versuchen, ihre Kinder ganz gerecht und gleich zu behandeln. Aber selbst bei Zwillingen gibt es einen Erstgeborenen, und das Verhältnis von Geschwistern ist natürlicherweise hierarchisch geordnet. Wenn alles gut geht, dann bewundert das kleinere Kind das größere und eifert ihm nach. Die Größeren geben (oft ziemlich rabiat) den Ton an, schützen die jüngeren Geschwister aber auch, helfen ihnen und geben ihnen Orientierung. Und alle Geschwister kreisen wie Planeten um das elterliche »Zentralgestirn«. Diese Ordnung sollten wir als Eltern stützen. Die anhimmelnde Bewunderung und natürliche Unterordnung der Kleineren braucht meist nicht viel Bestärkung. Das ältere Kind hingegen empfindet oft neben zärtlicher Fürsorglichkeit auch sehr frustrierende Gefühle von Eifersucht und Entthronung. Dem großen Bruder Mathias hilft es darum, wenn es auch Dinge gibt, die seine Eltern nur mit ihm allein unternehmen, weil Schwesterchen Lisa noch zu klein ist. Er ist der Große und darf und soll die Kleine führen und schützen – aber er muss auch selbst immer wieder bei Mama und Papa »klein« sein dürfen.

Weinerlichkeit

»Heulsuse!« – »Jetzt weint er schon wieder!« – »Wenn du nicht sofort aufhörst, geb' ich dir einen Grund zum Weinen!«
Viele Eltern können es gar nicht gut ertragen, wenn ihr Kind weint. Es erinnert sie an eigene ungeweinte Tränen, sie fühlen sich als schlechte Eltern, und sie haben Angst, ein weinerliches Kind sei

ein schwaches Kind. Aber richtige, echte Tränen der Adaption (siehe Seite 17/18) sind ein Zeichen der Stärke. Ein Kind, das weinen kann, ist in der Lage, verletzliche Gefühle von Trauer, Sehnsucht, Angst zu fühlen und auszudrücken und muss sich daher nicht durch Panzerungen vor diesen Gefühlen schützen. Wir sollten uns darüber freuen, unser Kind trösten (anstatt erschrocken allen seinen Wünschen nachzugeben oder es durch kluge Argumente von seinen Gefühlen abzulenken) und ihm vermitteln: »Ja, manchmal ist man traurig oder hat Angst und muss weinen, das ist normal, kein Problem.«

Und wenn uns die Anlässe der Tränen als lächerlich und unangemessen erscheinen? Dann haben wir einen Hinweis darauf, dass es einen triftigen Grund für Tränen im Leben des Kindes gibt, den es im Moment gar nicht anschauen kann, weil das zu sehr wehtun würde. Stattdessen weint es über die kleinen Missgeschicke unverhältnismäßig viel und oft und wird so die Frustration über den großen, verborgenen Kummer in vielen kleinen Portionen los. Das ist sehr praktisch, und wir sollten diesen Selbstschutz ehren und das Kind einfach trösten und bestärken, statt seine Tränen lächerlich zu machen: »*Nun heul doch nicht über jede Kleinigkeit!*« oder das Kind mit dem »großen Grund« zu konfrontieren: »*Ach, ich glaube, du weinst gar nicht über den abgerissenen Schnürsenkel, sondern weil dein Papa ausgezogen ist, kann das sein?*« Die Gefahr ist groß, dass dieser Hinweis das Zuviel an verletzlichen Gefühlen auslöst, das im Gehirn des Kindes die Panzerung bewirkt.

Solange ein Kind sich so richtig ausweinen kann, ist es gefeit vor größeren Verhaltensproblemen, die im Amerikanischen sogar zum *Dry-Eyes-Syndrome* zusammengefasst werden, dem Syndrom der trockenen Augen. Wo die Tränen versiegen, fangen die wirklichen Probleme an.

Pubertät

»Papa, ich glaube, mit mir stimmt was nicht. Für jeden Gedanken, den ich habe, gibt es einen entgegengesetzten Gedanken. In meinen Kopf herrscht Chaos, ich diskutiere ständig mit mir selbst. Werde ich verrückt?« – »Nein, mein Junge, du wirst erwachsen.«

In der Pubertät sprießen nicht nur Schamhaare, Busen (und Pickel). Mit diesen hormonellen Umstellungen geht eine Bewusstseinsexplosion einher, die so grundlegend ist, dass Gordon Neufeld einen eigenen Videokurs zum Thema entwickelt hat *(Adoleszenz verstehen)*. Daher fasse ich hier nur kurz die Essenz aus Sicht des Neufeld-Ansatzes zusammen.

Adoleszenz, also der Übergang vom Kind zum Erwachsenen, ist im Grunde wirklich nur ein Übergang. Früher dauerte die Überquerung dieser Brücke nur wenige Jahre, weil der Jugendliche bald in die Arbeitswelt der Erwachsenen integriert wurde, heute hat sich diese Zeitspanne stark verlängert. Mit Einsetzen der Pubertät entwickelt sich bei unseren Kinder die Fähigkeit des Gehirns, sich selbst und ihre Mitmenschen zu beobachten und zu reflektieren. Gleichzeitig nehmen sie die Welt nicht mehr unhinterfragt so, wie sie ist, sondern es beschäftigt sie, wie die Welt sein sollte. Damit verbunden ist nicht nur großer Idealismus, sondern auch viel Kritik an den Erwachsenen. Zudem haben Jugendliche einen natürlichen, großen Drang zur Selbstständigkeit und Unabhängigkeit. Sie lassen sich ungern etwas von anderen sagen, weil sie dabei sind, ihre eigenen Werte und Visionen zu entwickeln, herauszufinden, wer sie wirklich sind. Die Entwicklungsaufgabe dieser Lebensphase lautet: *»Ich finde mich selbst und meinen Platz in der Welt.«*

Es ist, als würde der Jugendliche beginnen, sich selbst als Herrscher seines Lebens auf den Thron zu setzen. Unsere Rolle als Eltern und Erzieher verändert sich, wir übergeben dem Jugendlichen Schritt für Schritt mehr die Verantwortung für sein Leben und ziehen uns zurück auf eine beratende Rolle. In dieser Rolle sind wir sehr wichtig und können dem jungen Menschen entscheidenden Halt geben bei seiner aufregenden Reise ins eigene Leben. So lautet jedenfalls der Plan.

Die Realität sieht oft anders aus, denn die soeben geschilderten Entwicklungsschritte setzen voraus, dass ein Jugendlicher den Raum für diese Verwandlung hat, dass er emergent ist, adaptiv und integrativ (siehe Kapitel 1). Dies wiederum ist nur möglich, wenn er sich aufgrund tiefer Bindungen an anteilnehmende, fürsorgliche Erwachsene sicher und geborgen fühlt.

Wie wir in Kapitel 4 festgestellt haben, gewinnen die Gleichaltrigen für viele Kinder aufgrund der Art, wie sie aufwachsen, eine höhere emotionale Bedeutung als die Erwachsenen in ihrem Leben und selbst die eigenen Eltern. Diese Gleichaltrigen-Orientierung (siehe Seite 64) führt zu großer Unsicherheit, da die andere Jugendlichen dem Kind nicht die Sicherheit und Geborgenheit geben können, wie es ein reifer Erwachsener kann. Die eigentlich vorgesehene Entwicklungsaufgabe *»Ich finde mich selbst und meinen Platz in der Welt.«* verkümmert daher oft zu *»Ich finde meinen Platz in einer Gruppe und bin so, wie man mich dort haben will.«*

Beide Entwicklungen haben als Symptom das Streben nach Unabhängigkeit von den verantwortlichen Erwachsenen gemeinsam und werden deswegen oft verwechselt.

Die Zeit des Erwachsenwerdens ist herausfordernd, aber die meisten »typischen Pubertätsprobleme« im Hinblick auf Lernen und Verhalten, die wir heute für normal und unvermeidlich halten, gehen eigentlich auf die Gleichaltrigen-Orientierung und verzögerte Reifwerdung des Jugendlichen zurück.

Für uns als Eltern, Lehrer und Erziehende ist es daher wichtig, zu unterscheiden: Strebt dieser Jugendliche mit seinem Widerspruchsgeist gegen uns in echte Unabhängigkeit: *»Ich finde mich selbst und meinen Platz in der Welt«*, oder hat sich seine Abhängigkeit nur auf die Welt der Gleichaltrigen verlagert: *»Ich finde meinen Platz in einer Gruppe und bin so, wie man mich dort haben will«*? In beiden Fällen wird sich der Jugendliche unsere Einmischung verbitten und vermehrt eigene Wege gehen wollen. Wenn sich dies jedoch nur auf uns als Erwachsene bezieht und der oder die Jugendliche gleichzeitig in der Clique angepasst und unkritisch alles mitmacht, handelt es sich nicht um echte Selbstfindung.

Bindung ist der Scoß der Reifwerdung

Was Bindung bewirkt   *...ermöglicht uns*

1. SCHIRMT AB
   gegen äußeren
   Stress

   Verletzlichkeit & so
   Reifwerdung zu
   schützen

2. wirkt wie ein
   Schoß für das
   aufbrechende
   Selbst

   durch Erfüllung von
   Bindungsbedürfnissen
   Wachstum zu fördern

   durch Geborgenheit
   Unabhängigkeit zu
   fördern

3. bildet einen
   HEIMAT-HAFEN,
   um von dort
   aufzubrechen

   durch Vergeblichkeit
   und Sammeln der
   Tränen Adaption zu
   fördern

4. legt das VORBILD
   und den TRÖSTER
   fest

Abbildung 9: Durch Erfüllung seiner Bindungsbedürfnisse versetzen wir das Kind in die Lage, seine Eigenständigkeit und echte Unabhängigkeit zu entwickeln.

Um die Flügel seiner Selbstfindung zu entfalten, braucht der Jugendliche die Wurzeln der tiefen, stabilen Bindung an uns. Niemand muss sich innerlich von seinen Eltern lösen, um eigenständig und erwachsen zu werden, im Gegenteil: Die Beziehung vertieft sich, sie verändert sich. Der Jugendliche möchte jetzt mit seinen eigenständigen Überlegungen von uns gehört und nicht mehr bevormundet werden, aber er braucht weiterhin die Sicherheit tiefer, bedingungsloser Bindungen, wie sie am ehesten in der Familie möglich sind. Aus dieser Sicherheit erwächst für den Jugendlichen die Kraft, seinen eigenen Weg zu erkunden und statt eines angepassten Mitläufers ein unabhängig denkender Mitgestalter der gesellschaftlichen Wirklichkeit zu werden. Damit erst haben wir unsere Aufgabe als Eltern und Erziehende erfüllt.

Zum Abschluss

Die von mir in Kapitel 7 angesprochenen Themen und Beispiele sollen Ihnen (wie immer beim Neufeld-Ansatz) nicht eine festgelegte Vorgehensweise nahe bringen. Sondern sie sollen Ihr Verständnis so wecken, dass Sie selbst die Prinzipien, denen die Entfaltung des Ihnen anvertrauten Kindes folgt, mit Ihrem eigenen Ideenreichtum individuell berücksichtigen können und so zu Ihren eigenen maßgeschneiderten Lösungen finden.

Das in diesem Büchlein vorgestellte Wissen weckt den Erfahrungen in meinen Kursen zufolge unterschiedliche Reaktionen:

Erleichterung

»So habe ich es im Grunde immer gefühlt, ich hätte es nur nicht formulieren können. Endlich weiß ich, dass ich mich doch auf mein Gefühl verlassen kann, auch wenn ich vieles anders mache als andere Eltern.«

Gordon Neufeld weist immer wieder darauf hin, dass wir das Wissen darum, was unsere Kinder brauchen, naturgemäß seit jeher als Instinkt und Intuition in uns tragen. Nur dass uns dieses Wissen nicht bewusst ist; und das, was wir an Konzepten und Traditionen im Kopf haben und was die Gesellschaft von uns erwartet, passt sehr oft nicht zu unserer Intuition. Unsere schulische Erziehung ist ebenfalls mehr darauf angelegt, unseren Kopf zu informieren, als dass wir üben, unserer Intuition zu vertrauen. Diesen Zwiespalt auf wissenschaftlicher Grundlage aufzulösen und so unser Vertrauen in uns selbst als Eltern zu stärken, ist in meinen Augen das größte Verdienst des Neufeld-Ansatzes.

Schuldgefühle

»Ach, wenn ich das doch nur eher gewusst hätte! Ich habe so viel falsch gemacht und erkenne jetzt die Ursachen für die Probleme meines

Kindes — kann ich das denn jetzt überhaupt noch wieder in Ordnung bringen?«

Diese bange Frage wird mir immer wieder gestellt, und die ermutigende Antwort lautet: Ja! Unser menschliches Gehirn ist ein Wunderwerk an Anpassungsfähigkeit und Flexibilität. Auch tiefgreifende Störungen und Schäden können sich wieder auflösen. Wir streben unser Leben lang nach Bindung, und sowie es uns gelingt, uns tief und vertrauensvoll zu binden, kann noch sehr viel nachträgliche Reifwerdung geschehen, bei unseren älteren oder erwachsenen Kindern wie bei uns selbst.

Schuldgefühle über Versäumtes oder Trauer über Fehler sind Ausdruck verständlicher, tiefer Frustration. Betrachten Sie den Kreisverkehr der Frustration (siehe Seite 74, Seite 99): Indem wir über das, was uns nicht gelungen ist, trauern, wird der Weg frei, um ohne Aggression immer wieder von neuem Schritt für Schritt Wandel zu bewirken.

Empörung

»Vor dem Hintergrund dieses Wissens gesehen läuft aber einiges in unserer Gesellschaft völlig falsch! Warum ist das so wenig bekannt, und warum spiegelt unsere Familien- und Bildungspolitik dieses gesicherte entwicklungspsychologische Wissen in keiner Weise wider?«

Auf diese komplexe Frage möchte ich hier gar nicht erst eine Antwort versuchen. Fest steht:

Mit dem Neufeld-Ansatz können wir ein so gründliches und umfassendes Bewusstsein von uns selbst und unseren Kindern sowie den Beziehungen zwischen uns gewinnen wie noch nie zuvor. Dies gibt uns erstmals die Möglichkeit, die derzeitigen Rahmenbedingungen für das Aufwachsen von Kindern und ebenso alle Überlieferungen und Traditionen einer Prüfung im Hinblick auf die Entwicklungsbedürfnisse von Kindern zu unterziehen. Die dem Neufeld-Ansatz zugrundeliegenden Erkenntnisse über die entwicklungspsychologischen Bedürfnisse unserer Kinder sind weltanschaulich und politisch neutral und beantworten lediglich die Frage: **Was dient der Entwicklung unserer Kinder zu ihrem vollen Potenzial, was nicht?**

Mit diesem Wissen können wir das Umfeld unserer Kinder (durchaus unter Berücksichtigung anderer Notwendigkeiten) so gestalten, dass es ihrer Entwicklung dient. Anhand der Symptome von Entwicklungsblockaden können wir frühzeitig erkennen, wo die Gefühle unserer Kinder überfordert sind, und daraus Konsequenzen ziehen.

Das hier vorgestellte Wissen ist natürlich auch in der Anwendung für Erwachsene sehr hilfreich. Gordon Neufeld hat sich jedoch bewusst dafür entschieden, sich auf die Probleme von Kindern zu konzentrieren, weil wir hier mit der Anwendung des Wissens – vorbeugend wie heilend – am effektivsten wirken können. Aus demselben Grund hat Gordon Neufeld seine erfolgreiche akademische Laufbahn als langjähriger Professor an der University of British Columbia aufgegeben, um das Wissen direkt zu denen zu bringen, die unmittelbar Verantwortung für Kinder tragen: Eltern, Großeltern, Verwandte, Erzieherinnen, Lehrkräfte, Therapeuten. Dank des von ihm gezeichneten Gesamtbildes der kindlichen Entwicklung kann jeder von uns die optimale Entwicklung des ihm anvertrauten individuellen Kindes zur Richtschnur seines Handelns machen und üben, der eigenen Intuition zu folgen. Entscheidend ist, dass wir uns der entscheidenden Bedeutung von Bindung und Beziehung zwischen Kindern und Erwachsenen bewusst sind und entsprechend handeln. Denn es stimmt:

Viele kleine Leute an vielen kleinen Orten, die viele kleine Dinge tun, werden das Angesicht der Erde verändern.

Danksagungen

Das Schreiben dieses Buches hat mich mit der Notwendigkeit konfrontiert, mich immer wieder aus den Anforderungen der täglichen Arbeit herauszureißen und mir Ruhe und Zeit zu nehmen. Dadurch ist vieles andere ungetan geblieben. Ich danke meinen Söhnen Moritz und Thomas für ihr Verständnis und ihre spontanen Ausbrüche von Hilfsbereitschaft. Ich danke Gaby Splett (Transkription), Susanne Storch (Büroleitung), Norman Gronostay (Layout und Gestaltung) und Luise Fuchs (Lektorat und Korrektorat) für ihre Unterstützung und Einsatzfreude fast rund um die Uhr.

Ich danke den Neufeld-Kursleitern Michael Miedaner, Elke Nachtmann, Ute Weder-Jannaschk und Maria Schmidt für ihre hilfreichen Hinweise auf unklare oder ungeschickte Formulierungen und für ihr unermüdliches Bemühen, mir meine langen Sätze abzugewöhnen. Den deutschsprachigen Kursteilnehmern und Studierenden des Neufeld-Ansatzes danke ich für ihre Geduld mit meinen Versäumnissen und Verspätungen, für ihre Begeisterung und für ihre vielen wunderbaren Fragen, Anmerkungen und Erfahrungsberichte.
Ganz besonders danke ich meinen Fakultäts-Kolleginnen und den Mitarbeitern des Neufeld-Institutes Vancouver, deren Einsatz und Fleiß die unerlässliche Grundlage meiner Arbeit im deutschsprachigen Raum ist.

Und ich danke an dieser Stelle von ganzem Herzen Professor Dr. Gordon Neufeld und seiner Frau Joy für ihre Freundschaft, ihr Vertrauen und ihre verständnisvolle, freilassende und zuversichtliche Unterstützung. Ich bin Gordon Neufeld zutiefst dankbar dafür, dass er sein Leben der Aufgabe widmet, die Entwicklung unserer Kinder zu ihrem vollen Potenzial uns Erwachsenen verständlich zu machen. Und ich freue mich, einen so vorbildlichen Lehrer haben zu dürfen.

Dagmar Neubronner

Zu den in diesem Buch vorgestellten Themen gibt es eigene Videokurse von Gordon Neufeld mit deutscher Übersetzung von Dagmar Neubronner, weitere sind in Vorbereitung.

Dagmar Neubronner leitet die Neufeld-Ausbildung für den deutschsprachigen Raum und bietet regelmäßig Neufeld-Kurse über das Internet an. Nach dem Absolvieren der beiden grundlegenden Intensivkurse I und II kann die Aufnahme in die etwa zweijährige Ausbildung zur Neufeld-Kursleiterin/ zum -Kursleiter beantragt werden. Die Zahl dieser Ausbildungsplätze ist aus Kapazitätsgründen begrenzt.

Die vom Neufeld-Institut zertifizierten Kursleiter führen Neufeld-Kurse zu verschiedenen Themen und Zielgruppen vor Ort durch. Nähere Informationen und Kontaktaufnahme über

WWW.NEUFELDINSTITUTE.DE.

Die verwendeten Abbildungen stammen aus den Neufeld-Kursen:
Unsere Kinder brauchen uns, Aggression verstehen, Aufmerksamkeit verstehen, Disziplin verstehen, Der Faktor Unterrichtbarkeit, Der Große Neufeld-Elternkurs, Intensivkurs 1.